Steffen Kern

Mehr als Millionen

Das Leben der Sabine Ball

Millionärin – Hippie –
„Mutter Teresa von Dresden“

Ein biografischer Roman

BRUNNEN
VERLAG GIESSEN · BASEL

Der Verfasser, Steffen Kern, ist Theologe und freier Journalist. Er ist
Mitglied der Synode der Ev. Landeskirche in Württemberg.
www.steffen-kern.de

Auflage
5 4 3 2004 2003 2002

Lektorat: Petra Lütjen
Umschlagmotiv Dresden: Bavaria/Messerschmidt
Alle anderen Fotos: Sabine Ball privat
Umschlaggestaltung: Ralf Simon
Satz: Brunnen DTP
Druck und Bindung: Wiener Verlag, Himberg
ISBN 3-7655-1812-3

VORWORT

Ihr Haar ist weiß wie der Schnee Alaskas, ihr Gesicht gebräunt von der Sonne Kaliforniens. Ihr Lippenstift, ein leichtes Rosa, ist nicht dick aufgetragen – dick Auftragen ist nicht ihre Art. Sie lacht. Sie hat schon immer gern und viel gelacht. Das bezeugen die kleinen Falten um die Augen und an den Mundwinkeln. Wenn sie auf ihr Leben zurückblickt, schmunzelt sie verschmitzt, um bei der nächsten Geschichte leise in sich hineinzulächeln. Beim Blick in die Vergangenheit funkeln ihre grauen Augen hellwach der Zukunft entgegen.

Sie gehört nicht zu den vielen alten Frauen, die unentwegt an früher denken und immer die gleichen Geschichten erzählen. Sie ist keine jener Greisinnen, deren Gegenwart irgendwo in der Vergangenheit liegt, die ihr Leben gelebt haben und irgendwo in ihrem Herzen schon gestorben sind. Sie ist anders, ganz anders. Alt, aber nicht senil. Einfach, aber nicht einfältig. Selbstbewusst, aber nicht stolz. Und obwohl sie fast alles erlebt hat, noch lange nicht fertig. Sie ist eine Frau mit Visionen.

Ihr Outfit ist schlicht, aber stilvoll. Sie trägt, Tag für Tag, eine weiße Bluse. Im obersten Knopfloch steckt eine Rosenblüte aus Seide. Darüber ein Trägerkleid, im Sommer ist es hellblau-weiß gestreift, im Winter dunkelblau. Meist hat sie eine Schürze um, denn meist hat sie etwas zu tun, jemandem „zu dienen“, wie sie sagt. Sie ist eine Frau von Welt. Eine Dame. Und wenn es irgendjemanden gibt, von dem ich das sagen könnte, dann von ihr: Sie ist eine echte Lady.

Ihre Geschichte birgt Geheimnisse. Sie hat Extreme gelebt: Sie war steinreich und bettelarm. Sie wohnte in Villen mit Pool, Bar und Palmengarten, aber auch in Abbruchhäusern, Scheunen und sogar in einem Kloster am Rande des Himalaja. Sie fuhr in Limousinen mit ledernen Lehnen, aber auch in uralten Autobussen ohne Federung und sicher auch ohne TÜV. Sie verbrachte Stunden voller Leidenschaft, Momente der Lust und Jahre in prallem Luxus. Doch die Hände, die Schmuck im Wert von zigtausend Dollar getragen hatten, tauchten später wieder in Putzwasser und pulten Kakerlaken aus der Ecke. Was ist das für eine Frau? Ihre Seele gleicht einem See, in dem ein großer Schatz verborgen liegt. Ihr Herz ist offen für alle, für Diebe und Dealer, für Hexen und Huren, für Kranke und Kinder. „Ich liebe sie“, sagt sie.

„Ihr Leben birgt den Stoff für einen bestsellerträchtigen Roman.“ Mit diesem Satz habe ich vor Jahren einen Artikel begonnen, der ihre Story auf eine Seite gepresst hat – nicht ahnend, dass ich einmal diesen Roman schreiben sollte. Wir sitzen auf der Terrasse eines kleinen Holzhäuschens unter der Sonne Kaliforniens, rund sieben Meilen südlich von Mendocino und keine vier Meilen entfernt von der Küste des pazifischen Ozeans. Sie erzählt mir ihr Leben. Von Miami und Santa Barbara, von Istanbul und Karatschi, von San Francisco und New York – ach ja, und von Dresden. Meist auf Deutsch, manchmal in Englisch. Ihr Deutsch hat einen amerikanischen, ihr Englisch einen unverkennbar deutschen Akzent. Es ist die Sprache einer Frau, die überall und nirgends zu Hause ist. Es ist die Geschichte eines der faszinierendsten Menschen, denen ich je begegnet bin. Es ist das Leben von Sabine Ball.

Steffen Kern

Vor einem Haus auf „The Lord's Land"

*„... es war alles vergänglich
und Haschen nach Wind!"
Prediger 1,14*

Die Bilder dieser Nacht wird sie nie mehr vergessen. Zu schrecklich waren sie. Zu teuflisch. Zu tief wurden sie ihr ins Herz gebrannt. Es war die Nacht vom 13. auf den 14. Februar 1945. Die Nacht, in der die Front des Krieges ihre Seele erreichte.

Sabine saß im Wohnzimmer und stopfte die Socken ihres kleinen Bruders. Hans schlief schon. Ein bunter Tag ging seinem Ende entgegen. Es war Fasching, und die Kinder johlten mit alten Hüten auf dem Kopf durch die Gassen. Nein, wirklich ausgelassen war es nicht, das Faschingstreiben auf Dresdens Straßen. Zu viel Fremdes bestimmte das Stadtbild. Zu viel Bedrohliches. Der Verkehr wurde immer stärker, von Tag zu Tag: Immer mehr Soldaten zogen durch die Stadt hindurch nach Osten. Und immer mehr Flüchtlinge strömten aus dem Osten herein, auf der Suche nach einem Dach über dem Kopf. Das Lachen verkleideter Kinder – der pure Trotz gegenüber so viel offenkundiger Hoffnungslosigkeit. Es war ein kalter Tag. Aber ohne Schnee. Niederschlag sollte es erst in der Nacht geben.

Sabine dachte an Weihnachten. Noch keine acht Wochen war es her, aber schon so unendlich weit weg. Dass es ihr letztes Weihnachten zu Hause in Ostpreußen gewesen war, das wusste sie an diesem Abend noch nicht. Aber dass es wunderschön war, das fühlte sie. Obwohl sie mit ihren neunzehn Jahren schon eine junge Frau war, freute sie sich immer noch wie ein kleines Kind auf Weihnachten. Ihre Gedanken wanderten von Dresden zurück in den Osten, nach Königsberg, direkt in ihr großes Wohnzimmer. Kerzen hatten auf dem Tisch gestanden, auf der kleinen Kommode und natürlich auf dem Klavier. Es war überhaupt das letzte Mal gewesen, dass sie Klavier gespielt hatte. Sie hatte das Klavier genauso gehasst, wie sie die Klavierstunden bei Fräulein Richau gehasst hatte. Und das orangefarbene Etüdenbuch war wohl im ganzen Haus ihr größter Feind gewesen. Nur an Weihnachten hatte sie das Klavier gemocht. Und wie gerne hätte sie sich jetzt, an diesem Abend in Dresden, an ihr verhasstes Klavier gesetzt und Weihnachtslieder gespielt.

Sabine griff nach dem nächsten Sockenpaar und musste schmunzeln: Hans hatte sie erst zu Weihnachten bekommen, und schon hatten sie ein Loch. Eigentlich kein Wunder, er wollte sich nie die Nägel schneiden lassen. Außerdem: Die Flucht im völlig überfüllten Flüchtlingszug hatte Spuren hinterlassen. Als die schwarzen Socken neben den Taschentüchern, dem Briefpapier und andern Kleinigkeiten auf dem Gabentisch im Haus der Familie Koritke gelegen hatten, hatte noch niemand daran gedacht, dass sie zwei Monate später schon Löcher haben würden. Höchstens Vater. Ja, Vater mochte all das geahnt haben. Dass er seine Kinder gleich nach Neujahr in den Zug setzen und in den Westen schicken würde – ob er diesen Plan schon an Weihnachten gefasst hatte? Sabine traute es ihm zu. Sie hatte einen klugen Vater. Sie schätzte ihn. Sie verehrte ihn. Während sie das Stopfgarn einfädelte, dachte sie daran, wie er die Weihnachtsgeschichte gelesen hatte. Nein, wirklich geglaubt hatte er nicht, was er da aus der Bibel vorgetragen hatte. Aber immer an Weihnachten war in der Familie die Bibel zu Wort gekommen. Und sie hatten gemeinsam gesungen, was die Engel verkündeten: „Ehre sei Gott in der Höhe und Friede auf Erden ..."

Die Sirenen heulten auf. Es war 21.30 Uhr. Fliegeralarm. Wieder einmal. Sabine warf die Socken samt Stopfgarn auf den Boden. „Hans!"

Er schlief immer so tief und fest. Ein Griff nach dem schwarzen Lederkoffer. Der war immer gepackt. Unter dem Nötigsten zum Anziehen waren die Juwelen der Mutter versteckt. Ein kleines Vermögen, das die Eltern ihrer Sabine anvertraut hatten. Sie hütete den Schatz wie ihren Augapfel. Es war jetzt der letzte Notgroschen der Familie.

„Hans!"

Der kleine Kerl war kaum wach zu kriegen. „Auf, in den Keller!"

Sabine handelte schnell, konzentriert, routiniert. Sie kannte den Klang der Sirenen. Sie wusste, was zu tun war. Für ihre gerade mal neunzehn Jahre behielt sie einen erstaunlich kühlen Kopf. Die Hand ihres zehn Jahre jüngeren Bruders hatte sie fest im Griff. In der andern hielt sie den Koffer.

Hinaus ins Treppenhaus. Angst hatte sie keine, zumindest nicht mehr als die, an die sie sich schon gewöhnt hatte. Von Panik keine Spur. Nein, sie würden Dresden nicht zerstören. Nicht die schöne Stadt an der Elbe mit ihren alten, ehrwürdigen Gebäuden. Nicht „Elbflorenz" mit der Frauenkirche, der Semper-Oper. Sie würden weiterfliegen nach Berlin wie schon so oft. Dresden war sicher. Deshalb waren sie hierher geflohen. Deshalb hatten sie Unterschlupf gesucht bei Familie Schlüter. Die Eltern hatten die bekannte Familie bei einem Kuraufenthalt kennen gelernt, *die* Familie Schlüter mit der großen Brotfabrik. Ihre Produkte waren in ganz Deutschland bekannt; das Schlüter-Brot ernährte das Reich. Und das Schlüter-Haus in der Franz-Liszt-Straße war ein sicherer Zufluchtsort.

Sabine war noch auf der Treppe, als die ersten Bomben einschlugen. Der Boden unter ihren Füßen bebte. Der Schreck fuhr ihr durch alle Glieder. Ihre Hände packten noch etwas fester zu. Die letzten Stufen stolperte sie mehr, als dass sie schritt. Ein furchtbares Gerassel war zu hören. Sie wollte ihren Bruder umarmen, gemeinsam stürzten sie in den Keller hinein. Gott sei Dank.

Ein paar Kerzen brannten. Ihr Atem ging schwer. Ihre Hände zitterten. Hans war noch ganz warm vom Bett. Sie kauerten aneinander. Sie spürte seine weichen Wangen. Die Nähe beruhigte beide. Alles war so unwirklich. „Also doch auch Dresden!" Wieder schlug eine Bombe ein. Wie weit weg, konnte keiner sagen. Jede Explosion wie ein Erdbeben. Aber die Schlüters hatten einen guten Luftschutzkeller. Stahl stützte Decke und Wände. Schutz für die Familie. Nur Vater Schlüter war nicht da. Er hatte sein Zuhause in der Fabrik. War sie auch ein Ziel der Angriffe? Fragen, die niemand auszusprechen wagte, waren in versteinerte Minen gemeißelt. Im flackernden Kerzenlicht suchte Sabine nach den Gesichtern im Keller. Für wenige Augenblicke dachte sie wieder an die Kerzen von Weihnachten ... Sie hatten den Weihnachtsbaum nie vor dem 24. Dezember gesehen. Zuerst hatte es das Abendessen gegeben im Esszimmer. Alle waren festlich gekleidet. Die Stimmung war so feierlich gewesen; eine wohlige Spannung hatte in der Luft gelegen. Dann der große Moment: Vater hatte den Vorhang geöffnet, und gemeinsam hatten sie das Wohnzimmer betreten. Es war nur von Kerzen erleuchtet gewesen ...

Ein Tropfen heißes Wachs tropfte auf Sabines Hand. Sie spürte keinen Schmerz. Ihre Blicke waren ganz in die Flamme vertieft. So hatte Hans seine Schwester noch nie gesehen. Ihre Gesichtszüge waren wie eingefroren. Kaum eine Regung. Sie sah aus wie eine der alten Puppen auf Mutters Schrank, fand er. Ebenso regungslos. Hätte sie nicht ab und zu geblinzelt, dann hätte man sie wirklich für eine Puppe halten können. Obwohl sie nicht weinte, sah sie traurig aus. „Hast du Angst?" Ja, Sabine hatte Angst. Jetzt hatte sie furchtbare Angst. Nicht Angst vor dem Sterben. Aber davor, lebendig begraben zu werden, in Ruß und Staub zu ersticken oder zu verbrennen.

Sabine packte die Wut. War sie nach Dresden geflohen, um hier zu sterben, elend in einem Kellerloch zu verrecken? Wozu hatte sie die ganzen Strapazen auf sich genommen! In einem völlig überfüllten Flüchtlingszug war sie vor der Ostfront geflohen. Vater hatte sie noch durch das Fenster hineingeschoben. Durch die Türen und Gänge war kein Durchkommen gewesen. Zusammengepfercht wie Vieh. Stundenlang. In eisiger Kälte. Dann hatte sie so dringend aufs Klo gemusst. Sie hatte es einfach nicht mehr ausgehalten und sich durch die Waggons bis zur Toilette gezwängt, um dann festzustellen, dass auch diese mit vier Fahrgästen besetzt war. Aber sie hatte keine Wahl gehabt. Ihr Geschäft hatte sie vor den Augen der andern verrichten müssen, wurde dabei angerempelt und beschimpft.

Es hatte schlicht und ergreifend keinen Raum gegeben, um auszuweichen. – Hans hatte in die Hosen gemacht.

Irgendjemand schrie auf. Wieder hatte es eingeschlagen. Wieder bebte das Erdreich. Die Balken und Stützen ächzten. Aber der Schlüter-Keller hielt dem Angriff stand. Nach einer Stunde wurde es ruhiger. Der Bombenhagel war vorbei. Irgendwo in der Ferne, kaum hörbar, war das Signal der Entwarnung auszumachen. Sie warteten noch fünf Minuten, dann stiegen sie vorsichtig die Treppen hinauf. Stufe um Stufe. Was würden sie zu sehen bekommen?

Das Schlüterhaus stand noch. Die Fenster waren draußen, die Türen vom Druck der Bomben aus den Angeln gerissen, aber die Substanz des Gebäudes war erhalten. Sabine wollte nur eines: Raus aus Dresden. Sofort. Noch in der Nacht. Bruder und Koffer an der Hand verkündete sie ihren Entschluss. Doch Frau Schlüter beruhigte: Dresden sei kaputt. „Die brauchen nicht mehr zu kommen.“ – Aber sie kamen wieder.

Etwa um ein Uhr in der Nacht war der Keller voll mit Menschen. Manche saßen erstarrt auf dem Boden, andere wimmerten und jammerten vor sich hin. Viele waren verwundet. Sabine half beim Verbinden. Einzelne winselten ein Gebet zum Himmel, das anscheinend nicht weiter ging als bis zur Kellerdecke. Sonst hätte es keinen erneuten Alarm gegeben, dachte Sabine. Wenn sie bis dahin keine Atheistin war, dann wurde sie es jetzt. Erneut ein Luftangriff. Phosphorbomben. Sabine war geblieben, jetzt bereute sie es. Aber zum Nachdenken war keine Zeit. Plötzlich ein Schrei: „Das Haus brennt!“

Panik. Sie stürmten aus dem Keller und standen unter der Tür. Draußen ein Inferno. Ein Feuersturm tobte über die Trümmer hinweg. Jeder Baum, jeder Busch brannte. Ein totales Flammenmeer. Die Luft war mit Asche gefüllt. Die obersten Stockwerke des Schlüterhauses standen in Flammen.

Sabine wickelte Hans und sich nasse Tücher um den Kopf. So wagten sie sich hinaus ins Freie. Hans hatte sie drei Mäntel angezogen. So musste er nichts tragen und war zumindest etwas gegen die Flammen geschützt. Plötzlich fuhr es ihr in den Sinn: „Der Koffer!" Sie ließ Hans mitten auf der Straße stehen, rannte zurück ins Haus und verschwand. Hans starrte auf die Tür. Sekunden später – es waren Ewigkeiten – kam sie heraus, den Koffer unter dem Arm.

Draußen herrschte das blanke Entsetzen. Der Himmel war glutrot. Menschen irrten ziellos umher. Viele suchten verzweifelt nach ihren Angehörigen. Kinder schluchzten nach ihrer Mutter.

Auch Hans weinte. Tränen rollten über seine verrußten Wangen, aber er schluchzte nicht. Still schob er ein altes Fahrrad, das herrenlos an einem Laternenmast gelehnt hatte. Diese Nacht kannte keine Besitzer. Sabine stellte ihren Koffer auf den Gepäckträger. So liefen sie weiter, so unbeirrt wie möglich, bemüht, nicht alles zu sehen, was sich ihren Augen darbot. Ein ekelhafter Gestank erfüllte die Nacht. Sie flüchteten auf einen kleinen Hügel, unweit des ehemaligen Schlüterhauses. Hier waren sie einigermaßen sicher vor dem Feuer und den heimtückischen Phosphorströmen, die selbst den Asphalt brennen ließen, Treppen hinabflossen und Luftschutzkeller in ein Feuergrab verwandelten. Der Platz war voller Menschen, die das nackte Leben gerettet hatten. Alles schien ein Traum zu sein, ein Albtraum. Aber wann würden sie endlich erwachen?

Herr Schlüter war bei dem Angriff in seiner Fabrik umgekommen. Das erfuhren sie später. Die Hölle von Dresden war ein Schlüsselerlebnis für Sabine. In dieser Nacht wurde ihr klar: Sie musste nicht nur raus aus Dresden, sondern raus aus Deutschland. Königsberg hatte sie unendlich geliebt. Hier war ihre Heimat gewesen. Als sie früher vom Internat nach Hause gekommen war, hatte sie manchmal den Boden küssen wollen, so sehr war ihr Herz mit dem Land verbunden, auf dem ihr Vaterhaus stand. Aber von der Heimat blieb nur verbrannte Erde. Sabine blickte über die brennende und qualmende Stadt. Vielleicht ahnte sie schon in jener Nacht: Keiner der vielen Orte der Welt, an die sie das Leben noch führen sollte, würde ihr jemals wieder zur Heimat werden.

*

Mit den Bildern der Stadt Dresden wurde für Sabine ein weiteres Bild zerstört, ein noch größeres, imposanteres und eigentlich noch unverwüstlicheres Bild: das Bild Hitlers. „Hitler", wenn dieser Name ausgesprochen worden war, dann war sie von einem Gefühl ergriffen, das sie mochte, aber nicht benennen konnte. Eine Mischung aus Faszination und Ehrfurcht; es, nein, *er* war so aufregend. Begeisternd und bedrohlich zugleich. Geheimnisvoll. Hitler, das bedeutete Zukunft; der Führer war der Inbegriff von Revolution und Hoffnung. Er war ein Mann mit Visionen, und er hatte Autorität. Eine unerschütterliche Autorität, wie sie sonst nur ihr Vater hatte.

Je öfter Sabine dieses Kribbeln spürte – und sie spürte es immer wieder, jede Woche im Bund Deutscher Mädel –, je öfter sie es zuließ und genoss, desto mehr empfand sie noch etwas anderes. Dieses Gefühl veränderte sie selbst in ihrem Innersten. Hitler war in ihr Leben getreten, als sie ein Teenager gewesen war. Sie war nicht wirklich verliebt gewesen in Hitler, nicht verknallt und verschossen, wie es Mädchen in diesem Alter eben waren. Vielleicht hätte sie für ihn geschwärmt, wenn er nicht gar so viel Autorität gehabt hätte, die ihn unnahbar machte – und wenn ihr die Stunden des Propagandaunterrichts nicht immer langweiliger geworden wären. Und doch, sie hatte eine Schwäche für starke Männer. Sie ließ ihn in ihr Herz, den eigentlich ganz Fremden, der ihr aus der Schule, aus den Jugendstunden und aus dem Radio so vertraut war. Es war nicht der wirkliche, nicht der Mensch Hitler – ob es den gab und wie der war, war letztlich gleichgültig – es war der Mythos Hitler; Hitler, das aus einer Person erwachsene Symbol; Hitler, das Phantom. Er, nein, *es* arbeitete in ihr. Mehr und mehr schuf es in ihr eine schon unheimliche Bereitschaft, die Bereitschaft zu folgen, zu gehorchen und zu dienen. Diese Unterwürfigkeit hatte etwas Erhebendes.

Umso tiefer war nun der Absturz. Hitler, eine fast schon religiöse Gestalt, perfekt in Szene gesetzt durch die NS-Propaganda, war die erste große Enttäuschung ihres Lebens. Das Phantom war eine einzige Illusion. Mehr noch, es war eine einzige Lüge, die dabei war, Geschichte zu schreiben. Dass es ein Kapitel der Weltgeschichte war, wusste Sabine damals nicht, zumindest bedachte sie es nicht. Sie dachte nur an ihre Geschichte, ihre eigene, kleine Lebensgeschichte, in die der große Hitler eingedrungen war und ein Kapitel hineingeschrieben, hineingelogen hatte. Ihre Jugendzeit, ihre Ideale und Träume gründeten auf einer Lüge und mündeten in ein Kapitel des Todes. Hieß Erwachsenwerden Sterben? Die Trümmer von Dresden waren ein Spiegelbild ihrer Seele.

Sabine dachte zurück an einen Abend in Königsberg. Sie war mit Marianne, ihrer zwei Jahre älteren Schwester, schon zu Bett gegangen, denn um acht Uhr stand Nachtruhe auf dem Programm. Jeden Abend, von einigen Ausnahmen abgesehen. An jenem Tag hatte Vater eine Ausnahme gemacht. Er hatte sie ins Wohnzimmer gerufen. Seine Augen ruhten auf seinen beiden Prinzessinnen, die in ihren weißen Nachthemden vor ihm standen, gespannt, was sie nun zu hören bekommen würden. Vater war Sabines großes Vorbild; er war der Hausherr. Mutter führte den Haushalt, zuverlässig und pünktlich, und Vater respektierte und achtete sie sehr. Aber es war nicht Mutters Part gewesen, Ausnahmen von der Bettzeit zu verkünden. Sie sorgte dafür, dass die Regeln des Kinderlebens eingehalten wurden; für Ausnahmen war Vater zuständig. Dessen Blick wirkte an diesem Abend ziemlich bedeutend, fand Sabine, irgendwie staatstragend.

Auf dem Tisch stand ein Radiogerät, ein Volksempfänger, wie er inzwischen im deutschen Volk verbreitet war. „Dank der Regierung, ein Signal des Fortschritts“, so hätte Sabine es kommentieren können, wenn ihr Kommentar gefragt gewesen wäre. Vater hatte die Nachrichten der BBC eingestellt. Die Deutschen hatten eben erst die Tschechoslowakei besetzt – „befreit“, so hatte es Sabine gelernt; sie korrigierte die Nachrichten in ihren Gedanken. Ein Angriff, der im Ausland strengstens verurteilt wurde. Dass das ausländische Radio eine offensichtlich falsche Sicht der Lage verbreitete, konnte sie nicht irritieren: Die Engländer hatten sie eben noch nicht begriffen, die deutsche Mission für die Welt. Dann aber sagte Vater einen Satz, der wie eine Bombe in ihr Herz einschlug: „Ich glaube diesen Nachrichten nicht. Aber ich glaube schon gar nicht den deutschen Nachrichten. Hitler ist ein Betrüger.“

Hitler ein Betrüger? Es war, als sei ihr Herz aus Glas auf den Steinboden geworfen worden und in tausend Stücke zersprungen. Wie konnte Vater so etwas sagen? Sie liebte ihn abgöttisch. Sie verehrte ihn. Und sie wusste: Vater liebt die Wahrheit, er sucht nach Gerechtigkeit, und er ist ein weiser Mann. Nicht nur ein kluger, ein belesener und gebildeter, sondern ein weiser Mann. Seine Lebenserfahrung, gepaart mit guten und bewährten Prinzipien, seine Entschlossenheit und seine Strenge, die immer zugleich auch Güte gewesen war, all das machte seine Weisheit aus. Und gerade diese Weisheit verlieh ihm eine Autorität, die Sabine bewunderte und der sie sich anvertraute. Vater ein Verräter?

Mit niemandem dürften sie darüber sprechen. Mit aller nur vorstellbaren Schärfe hatte Vater sie sein Urteil wissen lassen. Er dürfe es ihnen nicht verschweigen, sie müssten es wissen, hatte er gesagt. Man wisse nicht, was komme und wie lange er ihnen das noch sagen könne. Zurück im Kinderzimmer hatten die Schwestern entsetzlich geweint. Sabine konnte sich nicht erinnern, jemals so geschluchzt zu haben wie an diesem Abend. Nicht nur aus Angst vor dem, was kommen sollte. Es waren Tränen der Enttäuschung, Leiden an dem Graben, der von nun an ihre Seele durchschnitt, an dem Graben zwischen Vater und Hitler. Damals hatte ihr Hitlerbild erste Risse bekommen. Der Götze hatte gewackelt, aber er blieb stehen, bis er schließlich Jahre später mit den Häusern von Dresden einstürzte und zerschellte. Bis dahin standen Vater und Hitler unversöhnt gegenüber. Es war der erste Konflikt zweier Autoritäten gewesen, den sie erlebt hatte, und es sollte nicht der letzte sein. Sie hatte ihn nie gelöst, sich nie entschieden. Während der Kriegsjahre war sie gespalten, lebte sie in einer Art Schizophrenie, in einem Tiefschlaf des Gewissens. Doch die Nacht von Dresden war der Tag des Erwachens.

Sabine kam sich vor wie eine Spielerin, die aufs falsche Pferd gesetzt hatte. Sie hatte alles verloren. Nur dass sie nicht bloß Geld verwettet hatte; es ging um die letzte Instanz, der sie ihr Leben anvertraut hatte. Mit Hitlerdeutschland und seinen großen Utopien war ein Stück ihres Glaubens verbrannt. Sie fühlte sich belogen, benutzt, missbraucht. Von dem Hügel aus schaute sie über die brennende Stadt. Auf ihrem Gesicht spiegelte sich das Flackern der Todesflammen. Was würde jetzt aus ihr werden, aus ihr und aus Hans?

Hans verkroch sich hinter seiner großen Schwester, als wollte er sich vor der brennenden Stadt verstecken und einfach nicht hinsehen. Er drückte sein Gesicht gegen Sabines verrauchten Mantel, der ganz anders roch als früher. Jetzt schluchzte er. Tränen rannen über seine Wangen und zogen weiße Spuren in das Kindergesicht, das von Asche und Rauch mit einer schwarzen Schicht überzogen war. Die Erstarrung der letzten Stunde brach auf. „Ich will heim“, wimmerte er.

Sabine stand schweigend da. Ihre Augen hielt sie auf die Stadt gerichtet, ohne wirklich hinzusehen.

„Wo sind Mami und Papi?“ Hans jammerte ihr eine Frage zu, die Sabine aus ihrer kurzzeitigen Apathie riss. Die Eltern! Was war mit ihnen? Und mit Ella?

Ella war das Kindermädchen, das längst zur Familie gehörte. Sabine liebte sie von Herzen; schon immer, so sehr, dass sie als Kind sogar ihre Mutter bestohlen hatte, um Ella ein Geschenk machen zu können. Über Monate, wenn nicht Jahre hinweg, hatte sie der Mutter Kleingeld gestohlen. Immer wieder hatte sie sich ins Schlafzimmer geschlichen, eine Schublade in der

Kommode aufgezogen, worin in einer Handtasche aus Krokodilleder ihr Portemonnaie lag. Es war rot und hatte einen Druckknopf. Daraus hatte sie ein paar Münzen stibitzt, um schließlich auf leisen Sohlen und mit angehaltenem Atem wieder ins Kinderzimmer zu huschen. Jedes Mal hatte ihr das Herz bis zum Hals geklopft. Es hatte immer nur ganz wenig sein dürfen, damit es nicht auffiel. Mutter hatte nie etwas gemerkt. Es war eine klug geplante und sorgfältig durchgeführte Aktion gewesen. Sie hatte das Geld in einem roten Porzellanapfel gesammelt und unter ihrer Wäsche im Schrank versteckt. Mit einer Eselsgeduld hatte sie ihren Coup zu Ende geführt. Ella hatte sich dann riesig über die halblange karierte Jacke gefreut, die sie sich von ihrem bescheidenen Gehalt niemals hätte leisten können. – Fast hätte Sabine bei dem Gedanken an ihre Raffinesse lachen müssen. Aber im selben Moment holte sie die Gegenwart wieder ein und mit ihr die bange Frage: Was ist mit Ella und was mit den Eltern?

„Ich weiß es nicht, Hans." Sie strich ihm über das Haar, ging in die Knie und wischte seine Tränen von den Wangen.

„Ich weiß es nicht", wiederholte sie etwas leiser.

Die Menge auf dem Hügel setzte sich langsam in Bewegung. Ein Zug von schwarzen Menschen wälzte sich aus der Stadt hinaus. Sabine hielt die Hand ihres Bruders fest umklammert. Mit der andern Hand schob nun sie das platte Fahrrad. Wohin sie gingen, wussten sie nicht. Jedenfalls raus aus Dresden. Wie lange sie so vor sich hin stapften, würde Sabine später nicht mehr sagen können. Schon gar nicht, worüber sie redeten.

Irgendwann – es dämmerte schon der Morgen – kamen sie an einem alten Bauernhaus vorbei. Dort konnten sie sich waschen. Hans bekam eine Tasse warme Milch. Sabine warf der Bäuerin einen dankbaren und zugleich fragenden Blick zu. Die alte Frau nickte. Sie durften bleiben – wenigstens für ein paar Tage. Eine Verschnaufpause, in der sie zumindest äußerlich etwas zur Ruhe kamen. Innerlich wühlte sie eine Frage immer mehr auf: Was ist mit den Eltern? Seit Wochen hatten sie nichts mehr von ihnen gehört. Eigentlich müssten sie längst aus Ostpreußen nachgekommen sein mit all den andern Flüchtlingen. Die Ungewissheit wurde zur Qual.

*

Es war das Traumschiff der Dreißiger. Ein Ozeanriese der Luxusklasse. Ein Feriendampfer für alle: Die „Wilhelm Gustloff“ war ein Vorzeigeobjekt der Nazi-Propaganda. „Kraft durch Freude“ hieß das Programm, kurz: „KdF“. Jeder, wirklich jeder im Reich sollte ein paar Tage Urlaub erleben. Arbeiter genauso wie Akademiker. Freude wollte das Reich bereiten. Kraft sollten alle bekommen. Gestärkt wurde damit vor allem anderen: die Macht der Herrschenden. Denn wenn das Volk zufrieden war, war die Macht stabil. Außerdem gab es da noch einen willkommenen Nebeneffekt: Das Regime hatte seine Bürger auch in den Ferien unter Kontrolle.

„Kraft durch Freude“. Unter dieser Losung sollte auf Rügen eine Ferienanlage der Superlative entstehen. Und unter diesem Motto trat 1937 ein schwimmender Koloss seine Jungfernfahrt an: Die „Wilhelm Gustloff“, benannt nach einem ermordeten Schweizer Nazi-Führer, stach in See. 208 Meter lang, 56 Meter hoch. Sie war in einem fürstlichen Weiß lackiert, hatte zehn Decks, ein Schwimmbad und eine Tanzfläche. Gebaut für 2000 Passagiere. Geschaffen, um ein ganzes Volk bei Laune und bei der Stange zu halten. Ein Schiff ohne Klassen. Alle Kabinen waren gleich. Alle sollten die gleiche Freude haben, alle die gleiche Kraft tanken – im sonnigen Mittelmeer, vor der Küste Norwegens oder auf Madeira.

Sabine glaubte, ihre Eltern hätten einen Gutschein für eine Fahrt mit der „Gustloff“ ergattert. Doch die Informationen flossen äußerst spärlich; Ende Januar war ihr Kontakt zu ihnen ganz abgebrochen. Die Rote Armee war indes auf dem Vormarsch – unaufhaltsam. Und mit ihr rückte die Front immer näher. Anfang des Monats waren die Eltern noch in Königsberg geblieben, aber jetzt mussten sie raus, und zwar so schnell wie möglich. Vater Koritke hatte die größte Spedition Ostpreußens besessen, nun aber sämtliche Lagerhäuser verloren. Der Krieg, der deutsche Wahnsinn, hatte sein Lebenswerk vernichtet. Wie zur Rache der deutschen Freveltaten walzten nun die Russen alles erbarmungslos nieder. Sie brandschatzten, raubten, vergewaltigten. Seine Kinder hatte der Vater vorausgeschickt in Richtung Westen. Eine weise Entscheidung, sie in Sicherheit zu bringen. Das heißt: nur Sabine und Hans. Marianne würde er zurücklassen müssen – für immer. Seine älteste Tochter war an Lungentuberkulose gestorben. Ein Jahr lang – es war ihr Pflichtjahr als Schwester beim Roten Kreuz – hatte sie im Lazarett gearbeitet und sich angesteckt. Den Schmerz darüber würde er wohl nie überwinden. Mit ihr blieb ein Teil von ihm in der alten Heimat zurück.

Die Flucht auf dem Landweg wurde immer schwieriger. Jetzt aber bot sich die vielleicht letzte Gelegenheit: Die „Gustloff" lag in der Danziger Bucht. Auf ihr sollten sie es eigentlich über die Ostsee schaffen und in irgendeinem der Häfen des Reiches ankommen, vielleicht in Kiel oder in Flensburg.

Aber was war aus dem Stolz der Deutschen geworden! Der einstige weiße Riese war ergraut. Umlackiert zum Ausbildungsschiff, auf dem Soldaten der U-Boot-Lehrdivision die Plätze der Urlauber eingenommen hatten. Und jetzt, so das neueste Nazi-Kommando, sollte das KdF-Flaggschiff als Fluchtschiff herhalten, so wollten es die Nazis. Tausende drängten sich am Hafen, um einen Platz zu erwischen. Fliehen auf der „Gustloff", das hatte was. Auch wenn der Luxus vergangener Tage dahin war: Besser auf ihr einigermaßen komfortabel ins Herz des Reiches schippern, als womöglich zu Fuß durch Schnee und Eis stapfen und sich die Zehen abfrieren.

Erst ging alles ganz ordentlich zu. Die meisten hatten einen Gutschein und wähnten ihren Platz auf der „Gustloff" sicher. Als aber immer mehr an den Hafen strömten, wurde die Stimmung ruppiger. Viele Frauen und Kinder, Alte und Verkrüppelte zwängten sich in die Schlange und drängten nach vorne. Eine unbändige Masse. Bald war klar: Nie und nimmer würden alle mitfahren können. Mitten in der Menge war sich jeder selbst der Nächste. Ganz vorne stiegen die ersten Glücklichen an Bord. Je weiter hinten man stand, desto unerträglicher war die Lage. Schreiende Männer, kreischende Frauen, weinende Kinder: Chaos am Kai. – Aber wo waren Vater, Mutter und Ella? Zurückgeblieben am Hafen oder doch an Bord?

Am Mittag des 30. Januar 1945 legte die „Wilhelm Gustloff" ab und lief aus. Mit um die zehntausend Menschen an Bord war sie hoffnungslos überfüllt. Auf dem Promenadendeck, das eigentlich zum Flanieren gedacht worden war, zwängten sich die Passagiere wie Sardinen nebeneinander. Bei der Ausfahrt drängten alle nach oben. Jeder wollte den letzten Blick zurück erleben und Abschied nehmen von der Heimat. Wer wusste schon, für wie lange. Aber Tausende ließ die „Gustloff" in Danzig zurück.

Sabine wartete gespannt und voller Sehnsucht. Dass die Eltern mit dem Schiff kommen würden, war das Letzte, was sie hatte in Erfahrung bringen können. Das Telefonnetz war nach den Angriffen zusammengebrochen, und auch die Post konnte für nichts mehr garantieren. Sie hatte inzwischen Unterschlupf in Dessau gefunden. Zusammen mit Hans war sie auf einen Güterzug aufgesprungen. Es war keine sonderlich bequeme Reise gewesen, aber sie hatten ihr Ziel erreicht. Außerdem waren sie froh, überhaupt ein Ziel zu haben: einen Platz, an dem sie bleiben konnten – vorerst zumindest. Sabine klopfte bei der Familie ihrer alten Schulfreundin Inge Kleppel an, und sie wurde in der schönen Villa herzlich aufgenommen.

Sabine hatte Inge im Internat kennen gelernt. Mit ihr hatte sie immer viel Unfug gemacht, fast so viel wie mit ihrer besten Freundin Monique. Wie alle Schülerinnen der Reinhardswaldschule, dem Elite-Internat bei Kassel, kam auch Inge Kleppel aus gutem Hause. Ihr Vater war Direktor bei den bekannten

Junkers Werken. Sie waren ein Motor des Reiches, der die Kriegsmaschinerie nach vorne trieb. Direktor Kleppel war für den kaufmännischen Bereich zuständig; er sorgte dafür, dass der Motor lief – und er lief wie geschmiert. Kleppel hatte beste Kontakte zu Göring; er war einer der führenden Vertreter der Rüstungsindustrie. Sabine war in der High Society des NS-Regimes gelandet.

Sie erstarrte, als sie die Gerüchte hörte: Die „Wilhelm Gustloff" sei „abgesoffen". Schon vor gut zwei Wochen. Alles in ihr zog sich zusammen. Es war, als verkrampften sich ihre Gedanken und Gefühle zu einem Knoten der Verzweiflung. Sie rannte durch die Stadt und befragte, wen ihr über den Weg lief. Aus den Gerüchten wurde Gewissheit: Am 30. Januar hatte die „Gustloff" in Gotenhafen abgelegt. Noch am Abend desselben Tages war sie von drei Torpedos eines sowjetischen U-Bootes, der „S 13", getroffen worden. Sofort hatte sie Schlagseite gehabt. Innerhalb von sechzig Minuten war sie gesunken. In dieser Nacht hatte es fast minus zwanzig Grad. Die Wassertemperatur hatte um den Gefrierpunkt gelegen.

Nur etwas mehr als tausend Menschen waren von dem herbeigeeilten deutschen Torpedoboot „T 36" gerettet worden. Unter den Geretteten war niemand mit Namen „Koritke". Eine Passagierliste gab es nicht; so war auch nicht bekannt, wer in jener Nacht in der Ostsee vor Stolpmünde sein Grab gefunden hatte. Um die neuntausend Menschen hatten ihr Leben verloren, mehr als sechsmal so viel wie beim Untergang der „Titanic".

Es war der zwölfte Jahrestag der Machtübernahme durch die Nazis gewesen. Hitler hatte in seiner Rede über den Rundfunk dazu aufgefordert, „das Herz stärker zu machen als jemals zuvor" – ganz gleich unter welchen Umständen. Diese Worte des Führers waren auch noch auf der „Gustloff" zu hören gewesen – der blanke Hohn in den Ohren derer, die wenig später in den Tod gehen sollten.

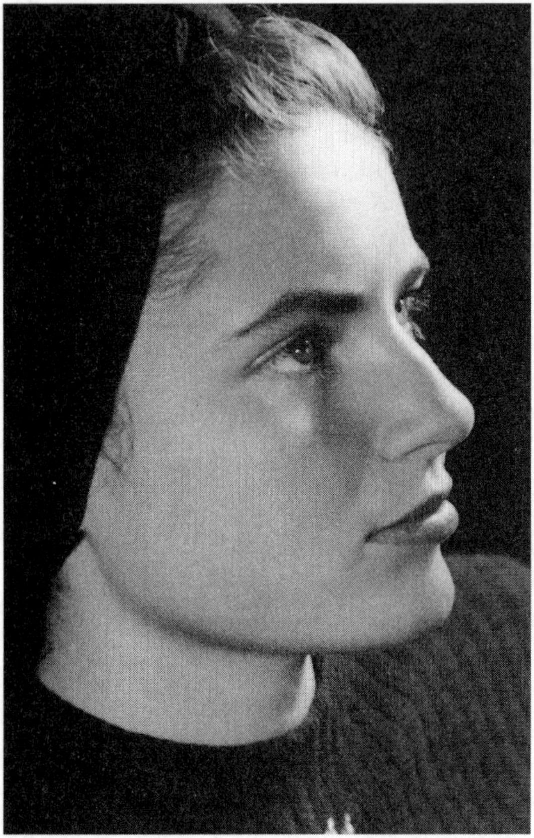

Sabine 1945

War das nun das Ende ihrer Familie? Wenn die Eltern nicht mehr am Leben waren, wie sollte dann ihre Zukunft aussehen? Und was sollte sie Hans sagen? Zunächst einmal gar nichts, entschloss sie sich schnell. Noch gab es keine offizielle Bestätigung des Todes der Eltern. Ob es die jemals geben würde, war in dem Chaos dieser Tage zwar mehr als fraglich. Aber noch gab es Grund zur Hoffnung. Wenn Hans wimmerte und nach den Eltern fragte, dann antwortete sie immer nur: „Bald".

Abends, vor dem Einschlafen saß sie an seinem Bett. Hans weinte oft und heulte sein Heimweh hinaus. Sabine hätte am liebsten mitgeschluchzt. Sie sehnte sich zurück in ihr Haus in Königsberg. In den Garten, der von einem Gärtner gepflegt wurde. Erwin hieß er. Er hatte sich in Grete verliebt, ihr erstes Kindermädchen. Später hatten sie geheiratet und das Haus verlassen. Nach Grete war dann Ella ins Haus gekommen, die geliebte Ella. – Sie hatten es so schön gehabt zu Hause. Ihr Leben war sorglos gewesen. Eine Waschfrau kam ins Haus. Die Schneiderin kam ins Haus. Wenn sie krank geworden waren, kam der Arzt ins Haus. Doktor Klein hieß er. Ein jüdischer Arzt. Er hatte Hans einmal das Leben gerettet, obwohl ihm das Praktizieren schon verboten war. Sabine dachte zurück an einen Mittag, als ihre Mutter ganz still und traurig beim Essen gesessen hatte. Als die Kinder sie gefragt hatten, was mit ihr los wäre, war sie hinausgestürzt. Minuten später war sie zurückgekommen und erzählte, sie habe Dr. Klein in der Straßenbahn getroffen – mit einem gelben Stern an der Jacke. Nur die Hand habe sie ihm im Vorbeigehen drücken können.

Als die Juden immer stärker bedrängt und offensichtlich verfolgt worden waren, hatte Mutter Lebensmittelpakete an ihre jüdische Freundin in Berlin geschickt – ohne Absender. Auch Dr. Klein hatte sie immer wieder etwas zukommen lassen. Mehr hatten sie nicht tun können.

Es war am Abend des 22. Februar, als Sabine so sinnierend am Bett ihres Bruders saß. Die Gedanken in der Vergangenheit. Denn in die Zukunft konnten sie nicht schweifen. Das Träumen schien sie in den letzten Wochen verlernt zu haben. Hans war gerade eingeschlafen, als Inge in der Tür stand – und verschmitzt lächelte. Sabine legte sofort den Finger an den Mund und deutete auf Hans. Inge grinste, winkte sie aus dem Zimmer heraus und war auch schon verschwunden. Sabine huschte ihr hinterher zur Tür hinaus und eilte die Treppe hinunter. Auf halber Höhe blieb sie stehen und traute ihren Augen kaum.

„Vater!“

Die letzten Stufen sprang sie hinab ihrem Vater in die Arme.

Mutter und Ella standen daneben. Eine Hand voll Habseligkeiten auf dem Boden.

Sie hatten Königsberg erst am 28. Januar verlassen, waren vierzehn Tage in Rauschen geblieben.

„Da war der Russe bedenklich nahe", schilderte Vater die Ereignisse. Seine Stimme bebte; während des Erzählens durchlebte er die Spannung dieser Tage noch einmal neu.

Mit einem Torpedoboot waren sie dann über Neukuhren nach Pillau gefahren. Dort hatte ihnen ein unbekannter Major einen Passierschein nach Gotenhafen ausgestellt. Auf dem Dampfer „Goya" waren sie erst am 14. Februar in dem Hafen angekommen, aus dem zwei Wochen zuvor die „Gustloff" ausgelaufen und bald darauf gesunken war.

„Ein glückliches Geschick!"

So kommentierte Vater ihr Schicksal. Er war kein gläubiger Mensch. Er klagte Gott nicht an und hielt ihm nicht die Schrecken des Krieges vor. Aber er dankte ihm auch nicht auf Knien dafür, dass er vor dem Tod in der Ostsee bewahrt worden war. Er stellte einfach nüchtern und sachlich die Tatsachen fest. Und Tatsache war: Sie hatten Glück gehabt. Dabei bestimmte ihn durchaus so etwas wie Dankbarkeit, wenngleich er nicht hätte sagen können, wem gegenüber.

Über Stolp und Stettin hatten sie sich schließlich nach Berlin durchgeschlagen. Dort hatten sie von der Zerstörung Dresdens erfahren, aber von Sabine und Hans wussten sie nichts. Erst Tage später hatten sie gehört, Sabine und Hans seien nach Dessau weitergezogen. Wohin sonst hätten sie fliehen sollen als in die Villa der Kleppels.

Sie saßen am Tisch des Esszimmers und tranken heißen Tee.

Mutter hatte Hans auf dem Schoß, über dessen Wangen wieder einmal Tränen flossen. Sie war gleich nach ihrer Ankunft hinauf in sein Zimmer geeilt und hatte ihn mit einem Kuss geweckt.

Vater Koritke (1968)

Jetzt fielen ihm die Augen wieder zu. An die Brust der Mutter gelehnt, schlief er zum ersten Mal seit Wochen wieder friedlich ein.

*

Es war der Tag, an dem die Amis die Brücke von Remagen eroberten, der 7. März 1945. Flugzeuge donnerten über die Stadt Dessau. Als wäre der Bombenhagel von Dresden nicht genug gewesen – Sabine erlebte wieder einen Fliegerangriff. Als die Sirenen aufheulten, wussten sie alle, was zu tun war. Inge, Sabine, Ella, Hans, die Eltern, Frau Kleppel und die Angestellten – sie stürmten hinab in den Keller, setzten sich auf die Holzbänke und warteten. Von ihrem Vater hatte Inge ein kleines Batterieradio geschenkt bekommen. Er wiederum hatte es in Paris von Göring persönlich erhalten. An jenem Abend war Direktor Kleppel – wie so oft – in der Firma. Inge hörte die Nachrichten im Radio. Doch eigentlich wollte niemand mehr wissen, ob nun die Engländer oder die Amerikaner oder wer auch immer angriff. Es ging nur ums Überleben, um nichts sonst. Zwischen den Nachrichten war in diesen Wochen immer wieder Zarah Leander zu hören. „Ich weiß, es wird einmal ein Wunder geschehen ...“ Aber an Wunder zu glauben, das hatten sie längst aufgegeben.

Hans saß eng umschlungen neben Mutter und drückte sich an sie. Manchmal glaubte er, ihren Herzschlag zu hören, selbst durch ihren dicken Wintermantel hindurch. Vater saß mit steinerner Miene da. Die Hände in der Manteltasche. Die ganze Zeit. Er starrte auf die Weinflaschen, die geordnet nebeneinander im Regal gegenüber lagen. Gute Sorten. Beste Jahrgänge. Aber sein Blick war leer. Seine Geste gab Sabine ein beruhigendes Gefühl. Sie wusste: Vater hatte einen Revolver in der Tasche. Keine Sekunde nahm er die Hand von der Waffe. Sie war sich sicher: Wenn es schlimm, wirklich schlimm um sie stehen würde – Vater würde sie erschießen. Er würde es nicht zulassen, dass sie leiden musste. Nein, sie hatte keine Angst vor dem Sterben. Aber sie wollte nicht leiden, nicht um ihr Leben winseln oder um das Sterben betteln müssen wie die vielen, die sie in Dresden gesehen hatte. Immer wieder, wenn eine Bombe in ihrer Nähe einschlug und alle zusammenzuckten, blickte sie kurz auf zu Vater. Er saß noch da, die Hand in der Tasche.

Dann ging alles ganz schnell. Das Haus der Kleppels wurde getroffen. Balken krachten. Innerhalb von wenigen Minuten mussten sie hinaus, wenn sie nicht lebendig begraben werden wollten. Sie stürmten die Stufen hinauf. Voller Angst und Hektik, aber ohne Panik. Es war die Routine des Grauens, die sie in diesen Situationen souverän handeln ließ. Vom Garten aus blickten sie auf das Haus zurück. Noch einmal tauchte ein Bombergeschwader den Nachthimmel in ein gleißendes Licht. Dann leuchtete allein das Feuer, das nach und nach die Villa ergriff und alles verzehrte.

Während das Haus brannte, kam Vater Kleppel mit seinem Chauffeur zurück. Er gesellte sich zu der Gruppe im Garten. In ihren Gesichtern tanzte das flackernde Licht, das die Flammen zu ihnen herüberwarfen. Es war eine seltsame Heiterkeit, die die Szene im Garten erfüllte. Keine Spur von Verzweiflung. Erst standen sie schweigend da. Dann aber auch verzaubert von dem Schauspiel, das sich ihnen bot. Sie sahen, wie sich das Feuer gierig durch das Haus fraß, von Zimmer zu Zimmer, langsam, aber unersättlich Türen und Treppen verzehrte, die Möbel, die Gardinen verschlang und die Gläser leerte, die noch halb voll auf dem Tisch standen. Dann näherten sich die Flammen dem Flügel. Erst wirbelte die Hitze die Notenblätter auf, sodass sie durch den Raum tanzten. Wie im Takt dazu löste sich die Tapete von der Wand. Dann begann das teure Stuck zu brennen.

Inge und Sabine standen nebeneinander. Für einen Moment war ihnen so, als hörten sie ein letztes Mal Chopin und Mozart. Und man hätte meinen können, manche Rauchschwaden bildeten den Frack eines Pianisten, der sich setzte und ein letztes Mal in die Tasten griff. Wie oft hatte Inge hier gesessen! Was die beiden aber faszinierte, war Inges Bild. Ein Porträtfoto, das auf dem Flügel stand. Es schien einfach nicht verbrennen zu wollen. Selbst als das Holz ringsum in Flammen stand, trotzte das Foto dem Feuer. Inge war begeistert und lachte. Sabine lachte mit. Sie lachten, denn weinen konnten sie nicht. Es war fast wie eine Attraktion auf einer der vielen Gartenpartys, die hier schon gegeben worden waren. Nur, dass niemand ein Champagnerglas in der Hand hatte.

Dem alten Kleppel fiel das vermeintlich feuerfeste Foto nun auch auf, und er trat zu den Freundinnen. Er hatte getrunken. Sabine roch es, obwohl Rauch und Gestank die Nachtluft bestimmten. Der Direktor starrte in die Flammen und fing an zu lachen. Immer lauter. Es war ein unnatürliches, fast hysterisches Lachen, das Sabine einen Schauer über den Rücken jagte. Bislang hatte er vom Krieg profitiert. Jetzt aber erreichte die deutsche Niederlage auch ihn. Kleppel stand nicht nur vor den Trümmern seines Hauses; vor ihm verbrannte sein Leben. Wenige Wochen später wurde er in ein Internierungslager der Alliierten gebracht. Er sollte es nie mehr verlassen.

Schließlich wurde auch Inges Foto vom Feuer vernichtet. Innerhalb einer Stunde war von der prächtigen Villa nichts übrig außer Ruß, Asche und verkohlten Mauern. Wenige Minuten nur, und Sabine war mit ihrer Familie wieder obdachlos. So wie die Losung hieß „Raus aus Königsberg!“ und „Raus aus Dresden!“, so nun eben „Raus aus Dessau!“. Sabine würde bald noch einen Satz hinzufügen: „Raus aus Deutschland!“ Das schwor sie sich in dieser Nacht. Aber noch behielt sie ihr Vorhaben für sich.

*

Die letzten Kriegswochen: Für Sabine waren sie ein Trauma. Dresden und Dessau – wenn das Deutschland war, was wollte sie dann noch hier? Von Dessau zogen sie nach Ichenhausen bei Günzburg. Die Eltern hatten dort Freunde, ein Arztehepaar, das sie wie die Schlüters bei einem ihrer Kuraufenthalte kennen gelernt hatten. Sie besorgten der Familie ein größeres Zimmer, in das Vater noch eine Wand einzog. So hatte Ella ihr kleines Reich für sich.

Der ehemalige Großspediteur hätte allen Grund gehabt, um verbittert zu sein. Aber er war genügsam und zufrieden mit dem Wenigen. Sabine arbeitete in einer Schreinerei und schnitzte Reliefs. Irgendwie schlug sie sich durchs Leben. Eine Zeit lang war sie bei den Amerikanern angestellt. Einen Offiziersclub sollte sie einrichten. Dazu durfte sie in die alten Nazi-Haushalte gehen, um dort die schönsten Möbel einfach auszusuchen und mitzunehmen. Aber das konnte sie nicht selber machen: In fremde Wohnungen platzen, das Inventar beschlagnahmen und wieder gehen. Zum Racheengel war sie nicht geboren. Zum Glück fand sich bald ein „Kollege“, der das erledigte, ebenfalls ein Deutscher, ein kalter, unsympathischer Typ, wie sie fand. Ihr blieb die Aufgabe, die „Beute“ für die Offiziere zu arrangieren.

Dabei bewies sie Geschick für die Einrichtung eines Raumes, entwickelte ein Gespür für Dekoration und Atmosphäre. Innenarchitektur wäre durchaus ein passender Studiengang für sie gewesen. Aber bald stellte sich heraus: Dafür gab es keine Perspektive in Deutschland, zumindest nicht in absehbarer Zeit. Die Meisterschule in Stuttgart war überdies in einem desolaten Zustand. Also schlug sie sich das Studium aus dem Kopf, in dem sich ohnehin schon längst viele – buchstäblich weiterführende – Ideen tummelten.

Bald nahm sie sich ein Zimmer in Günzburg, aber sie war hier nie zu Hause. Bleiben wollte sie nicht. Eigentlich war sie nie wirklich angekommen. Was von vornherein feststand, wurde immer klarer: Sie verbrachte hier nur eine Übergangszeit. Bis 1949 sollte die dauern.

*

Wenn der Wind rau ins Gesicht bläst, dann trocknen Tränen schneller, als sie über die Wangen rollen. Nur ganz besonders dicke Tränen schaffen es bis zu den Lippen. Sabine sah zurück. Vor ihr schaukelte die Nordseeküste auf und ab. Die Häuser an der Küste wurden immer kleiner. Die Strände – bloße Striche am Horizont. Ihre rechte Hand umklammerte die Reling; ihre linke hielt den Mantelkragen unter dem Hals zusammen und zugleich den Knoten des Kopftuchs. Doch der Wind brauchte keine Kragenöffnung, kein Knopfloch, keinen Schlitz, um über ihren ganzen Körper eine Gänsehaut zu jagen. Ihre Kleider waren viel zu dünn, als dass sie die frische Brise hätten abhalten können. Dennoch fror sie nicht. Innerlich war sie mindestens so aufgewühlt wie das Meer unter ihr. Die Wellen der Nordsee würden sie bald auf den Atlantik hinausspülen. Und genau das war es, was sie wollte. Sie würde keinen Widerstand leisten. Im Gegenteil: Sie war fest entschlossen. Was sie hier zurückließ, das war das fremde Land, in dem sie bisher gelebt hatte.

Das Boot durchbrach eine besonders große Welle. An Deck wurde es feucht. Im gleichen Moment schaffte es eine Träne doch gegen den Wind. Sie rollte an der Nase vorbei auf die Unterlippe, wo sie von der Zungenspitze ertastet wurde. Dort mischte sie sich mit dem Meerwasser, das die Gischt in feinen Tropfen über das Deck sprengte und in Sabines Gesicht sprühte. „Das Leben schmeckt salzig“, dachte Sabine, lächelte leicht und schaute über die Wellen hinaus.

Ein Abschiedslächeln, das vom Weinen nur Nuancen entfernt ist, und das nur diejenigen teilen können, die einen Abschied für immer wagen. Mit dem Mut zum Endgültigen, in der Entschlossenheit zu ganz Neuem, durch den Willen, jeden einzelnen Schritt dieses Wegs zu gehen. Sabine hatte den entscheidenden Schritt getan, als sie das Schiff betreten hatte. Sie hatte einen radikalen Schnitt gemacht. Hinter ihr lagen fast vierundzwanzig Jahre, die sie nun zurückließ. Wohin es ging, sah sie nicht. Noch nicht. Die Zukunft lag im Dunkeln; aber sie fuhr ihr entgegen. Getrieben von einer großen Sehnsucht, der Sehnsucht nach Leben. Drüben über dem Ozean, dort musste es beginnen, das Leben.

In ihr wurden Fragen immer lauter: „Was erwartet mich? Was wird wohl aus mir werden?“ Am nächsten lag ihr aber bald eine ganz andere Frage: Würde sie das Geschaukel überstehen, ohne seekrank zu werden? – So lange sie auch nur ein Stück Land sehen konnte, blieb sie an der Reling stehen und blickte nach Osten. Hätte sie jetzt jemand beobachtet, dann hätte er sehen müssen, wie schön sie war. Wie fest und klar ihre Gesichtszüge waren, dabei aber dennoch weich, geschmeidig und weiblich. Die feine Linie ihrer dunklen Augenbrauen, die zarte weiße Haut ihrer nassen Wangen und das neckische, aber nur angedeutete Grübchen an ihren Mundwinkeln. Der Wind presste die Kleider an ihren Leib, dass jeder Männerblick sich ihren wohlgeformten Körper hätte ausmalen können. Doch es war niemand da, der sie sah. Noch blieben ihre Reize unentdeckt. Und Sabine ahnte noch nicht, welchen Schatz ihr der Schöpfer geschenkt hatte. Aber bald würde sie lernen, ihre Gaben zu gebrauchen ... Als Deutschland vor ihren Augen im Meer versunken war, wischte sie sich eine nasse Strähne aus dem Gesicht, drehte sich um und ging in ihre Kabine.

Kabine, der Ausdruck war allerdings mehr als schmeichelhaft. Die Räumlichkeiten der „General Bletchfort" waren alles andere als luxuriös. Der Kahn war ein altes Kriegsschiff und kreuzte unter amerikanischer Flagge den Ozean. Sabines Kabine bestand aus einer grauen Hängematte. Aufgehängt war sie in einem Schlafsaal, in dem vierzig Frauen um die Wette schnarchten. Vorausgesetzt, sie schliefen. Wenn sie nicht schliefen, übergaben sie sich. Die Wellen verteilten das Erbrochene gleichmäßig im Raum.

„Gut, dass ich wenigstens nicht auf dem Boden schlafen muss", dachte Sabine. Sie konnte auch diesen Umständen – besser gesagt: Zuständen – noch etwas Positives abgewinnen. Es stank erbärmlich, doch wenn man sich erst einmal daran gewöhnt hatte, ließ es sich damit leben. Und tatsächlich: Wider Erwarten blieb ihr Magen standhaft. Ein kleines Wunder auf hoher See.

An Bord waren fast nur Juden. Dass sie während des Krieges in Lager gebracht worden waren, wusste sie bald. Wie sie dort behandelt worden waren, hatte sie nach und nach erfahren. Sie wollte sich als Österreicherin ausgeben, um der Konfrontation mit der deutschen Schuld zu entgehen. Nicht dass sie sich geschämt hätte, Deutsche zu sein. Aber andere verbanden mit ihrer Nationalität ein Wesen, mit dem sie sich nicht identifizieren konnte. Wenn sie als Deutsche auftrat, dann konnte sie doch gar nicht als die Person wahrgenommen werden, die sie zu sein hoffte. Aber konnte sie die Verantwortung für die Verbrechen einfach abschieben? War sie in irgendeiner Weise mitschuldig? In ihren Gefühlen war sie es, sicher; in ihrer Bewunderung Hitlers. Aber war sie nicht vielmehr Opfer als Täterin, Opfer der Propaganda? Sabine empfand eine Art „deutsche Identitätskrise". Sie hatte damals keine Ahnung, wie verbreitet dieses Lebensgefühl war, und wie lange es sich in dem Land halten sollte, das sie zurückgelassen hatte. „Wer bin ich? Wer ist Sabine Koritke?" – Wie sehr sie auch nachdachte, sie fand keine Antwort. Vielleicht würde sich die Frage mit den Jahren von selbst beantworten. Im Moment jedenfalls war sie auf dem besten Weg, Amerikanerin zu werden.

Auf dem Schiff ging es jedoch allzu menschlich zu, als dass sie solch bedeutungsschweren Gedanken hätte nachhängen können. Alle an Bord mussten arbeiten. Sabine war für das Essen verantwortlich. Sie verteilte „Hash" aus der Dose, einen merkwürdigen Mix aus Kleingehacktem, vor allem aus Kartoffeln und für Gutgläubige wohl auch aus etwas Fleisch. Dazu gab es Weißbrot und Margarine – das schmeckte herrlich. Nach Jahren der Entbehrung fast schon eine Delikatesse.

Die Überfahrt markierte für fast alle an Bord einen neuen Lebensabschnitt. Sie ließen das Alte zurück, das für viele einfach nur schrecklich war. Viele waren traumatisiert, saßen in einer Ecke des Schiffes und starrten ins Leere. Gedankenverloren. Welcher Film vor ihrem inneren Auge ablief, konnte Sabine nur erahnen. Er musste von Lagern handeln, von Gefängnissen und von Aufsehern mit schwarzen Stiefeln. – Auch Sabine dachte immer wieder zurück. Manchmal ging sie zum Heck des Schiffes an ihren Platz an der Reling und schaute zurück. Weit und breit nur Wasser. Und mit jeder

Minute wurde die Distanz größer. Deutschland rückte in immer weitere Ferne und damit auch Dresden, Dessau und Düsseldorf. Dort hatte Vater Arbeit gefunden, einen guten Posten bei einer größeren Speditionsfirma. Nach dem Chaos der Flucht und des Krieges hatte die Familie wieder zu einem geregelten Leben gefunden. Für Sabine war es kein Leben, allenfalls ein geregeltes Existieren. Sie konnte sich einfach nicht vorstellen, ihr Leben in einem Land zu verbringen, das ihr fremd geworden war. Ostpreußen war auf lange Sicht unerreichbar. Ihre Heimat hatte sie verloren, dann besser richtig in die Fremde, um dort etwas Neues aufzubauen. Hinaus in die große weite Welt. Sie wollte etwas erreichen, etwas aufbauen, reich werden. Das Leben genießen, nicht nur den Unterhalt verdienen und sich irgendwie durchschlagen. Frei sein, nicht nur funktionieren. Eben leben und nicht nur existieren. Wenn der Wind durch ihre dunkelbraunen Haare wirbelte und sie die Augen schloss, dann spürte sie es ganz tief in sich: „Ich will mehr vom Leben."

Und wenn Sabine etwas wollte, dann bekam sie es auch. Diese Lektion hatte schon ihr Vater lernen müssen. Seine Tochter war schon immer ein kleiner Starrkopf gewesen. Aber sie versuchte es nie mit dem Kopf durch die Wand. Nein, wenn sie wirklich etwas wollte, dann fand sie eine Tür. Und sie fand einen Weg. Was hätte ein Vater da auch anderes tun sollen, als ihr ihren Willen zu lassen? Meist ahnte er schon, worauf sie hinauswollte. So gut kannte er sie. Zwischen Sabine und ihm gab es eine Ebene des Verstehens, die keiner Worte bedurfte. Irgendjemand musste ihre Seelen in der gleichen Tonart gestimmt haben. Es klang zwar nicht immer alles in Dur, wenn sie aufeinander trafen. Aber es blieb harmonisch, meistens zumindest. Freilich ließ Vater ihr auch diesmal ihren Willen, wenngleich Sabine wohl nicht einmal erahnen konnte, was es für ihn bedeutete, sie in eine andere Welt ziehen zu lassen.

Nach zwei oder drei Wochen – Sabine hatte auf See das Gefühl für die Zeit verloren – jedenfalls nach einer halben Ewigkeit kam Land in Sicht. So oder so ähnlich musste sich Columbus gefühlt haben, als er zum ersten Mal die Küste eines neuen Landes entdeckte. Es war heiß, eine wahnsinnige Hitze in Boston. Mit einem Mal ein Aufruhr an Bord. Alle stürzten nach vorne zum Bug. Jetzt war richtig Stimmung auf dem Schiff. Einige wenige blickten verträumt, die meisten aber gestikulierten wild durch die Luft und plapperten aufeinander ein. Auch für Sabine war es jetzt offensichtlich: Der ganze Stress hatte sich gelohnt; die Anträge auf die Ausreise, die Tour durch verschiedene Lager für Auswanderer in München und in Bremen und schließlich auch die Tortur der Überfahrt auf dem grauen Kriegsschiff. Jetzt, vier Jahre nach Kriegsende, im August 1949, begann für sie ein neues Leben in der neuen Welt.

Die Begrüßung war alles andere als herzlich, keine Ansprache, nicht einmal ein warmes „Welcome"-Lächeln. Sabine war sich zwar nicht im Klaren, was sie eigentlich erwartet hatte, und auch nicht darüber, was eigentlich zu erwarten war. Das jedenfalls nicht. Kaum hatte sie zum ersten Mal wieder festen Boden unter den Füßen, wurde sie auch schon wieder herumkommandiert. Mit ihren paar Habseligkeiten in einem kleinen, dunkelbraunen und ziemlich verkratzten Koffer – viel Gepäck hatte sie nicht mitnehmen dürfen – sollte sie sich in eine Warteschlange stellen. Ihre erste Bekanntschaft mit „the American Way of Life", der sagenumwobenen amerikanischen Lebensart, war ausgesprochen ernüchternd. Zuallererst begegnete ihr in der neuen Welt die altbekannte, vermeintlich typisch deutsche Bürokratie. Anstellen, warten, Papiere vorzeigen, Papiere ausfüllen, Papiere stempeln lassen!

Die Akteure dieses traurigen Geschehens waren in Blau-Weiß gekleidete Damen des Roten Kreuzes. Eine wie die andere war perfekt angezogen und perfekt frisiert; ihre Haare hatten ein ungeheures Volumen, eine unglaublich wuchtige Art von Dauerwelle, die Sabine in Europa noch nicht gesehen hatte. Mit einem Hauch von Freundlichkeit, der in kühler Sachlichkeit fast erfror, verwalteten sie die Ankömmlinge, die zu ihrem Ärger kein oder kaum Englisch konnten. Sabine ließ die Prozedur mehr oder weniger geduldig über sich ergehen. Zugleich war sie mehr als dankbar, endlich in der neuen Welt angekommen zu sein. Ihr Schulenglisch bestand jedenfalls seine erste Bewährungsprobe.

*

Nun verteilten sich die Passagiere der „General Bletchfort" in alle Himmelsrichtungen. Nur wenige blieben in Boston. Einige wollten weiter in den Westen ins Landesinnere, manche sogar bis San Francisco. Viele, darunter auch Sabine, hatten aber ein gemeinsames Ziel an der Ostküste: New York. Gemeinsam mit einigen Juden nahm Sabine den Zug. Es war furchtbar stickig in den Abteilen – trotz Klimaanlage. Die Fenster ließen sich nicht öffnen. Unweigerlich weckte dieser Trip in Sabine Erinnerungen an frühere Zugfahrten, deren Strapazen freilich wesentlich größer waren als diese Hitze.

Dann nach endlosen Stunden: Ankunft. Grand Central Station New York. Dort wartete der vorerst einzige Mensch auf dem amerikanischen Kontinent, der mit dem Namen „Sabine Koritke" etwas anfangen konnte: Tante Mary.

Mary Lobel, eine alte Freundin der Familie, hatte für Sabine gebürgt. Ohne die Bescheinigung, dass eine Person für ihre Gesundheit und ihr Wohlergehen sorgen würde, hätte sie wohl kaum eine Einreisegenehmigung erhalten. Mutter hatte Mary noch vor dem Krieg bei einer Kur in Karlsbad kennen gelernt. Mary war schnell zu Mutters bester Freundin geworden. Sabine nannte sie schon immer „Tante", und sie war ein bisschen stolz darauf, eine Tante in Amerika zu haben.

Mary wartete auf dem Bahnhof zusammen mit ihrem Freund, einem jüdischen Rechtsanwalt. Sabine hatte ein Foto von Mary in der Tasche. Während der Zugfahrt hatte sie es immer wieder herausgezogen und angeschaut. Dabei wusste sie eigentlich genau, wie Mary aussah. Immer wieder hatte sie die Koritkes in Deutschland besucht. Und sie hatte Pakete in das gebeutelte Europa geschickt. Sabine hatte allen Grund, ihr dankbar zu sein – und sie war es auch. Als sie aus dem Waggon ausstieg, hatte sie feuchte Hände. Schnell entdeckte sie Tante Mary auf dem Bahnsteig, die ihre Blicke suchend von einer Zugtür zur anderen wandern ließ. Erst als Sabine auf sie zusteuerte, hatte auch sie sie entdeckt. Sabine machte zur Begrüßung einen Knicks. Preußische Manieren im New Yorker Zentralbahnhof. Die Begrüßung war herzlich. Die erste Umarmung seit Wochen. Arm in Arm verließen sie den Bahnhof, während der Rechtsanwalt einen Kofferträger rief. Mit dem Taxi fuhren sie gemeinsam nach Brooklyn, in Marys Wohnung.

Sabine mochte sie. Sie genoss es, mit Mary beim Tee zu sitzen und Frauengespräche zu führen. Mary war gut zwanzig Jahre älter und hatte Erfahrung. Enorme Erfahrung, nicht nur aufgrund ihres höheren Alters. Sie war ledig – nach ihrer Scheidung *wieder* ledig – dafür aber umso lebenslustiger. Sabine schätzte ihre Ehrlichkeit. Überhaupt fand sie, dass Mary das Herz auf dem rechten Fleck hatte, und vor allem, dass sie wusste, was sie wollte. Eine Frau, die sich in der Weltstadt New York durchsetzte und ihr Leben perfekt organisierte. Sie musste Sabine faszinieren. – Dennoch: So gut sie sich auch anfangs verstanden, auf die Dauer würden sie nicht zusammenleben können. Vielleicht nicht einmal, weil sie zu verschieden waren, sondern weil sie so viel gemeinsam hatten. Als Sabine mehr und mehr selbständig wurde, traten Spannungen auf. Für Sabine war klar: Sie würde sich nicht von der Tante bemuttern lassen. Mary hatte für alles eine Antwort, aber Sabine wollte fragen, Fragen aushalten und selbst Antworten finden. Der Kontakt wurde zur Pflicht.

Zunächst war Mary aber eine ideale erste Anlaufstelle in den Staaten. Von Brooklyn aus erkundete Sabine New York. Gigantische Wolkenkratzer, wie sie ihre Augen noch nie gesehen hatten. An einem ihrer ersten Tage in Brooklyn fuhr sie in die City, überquerte den East River und spazierte durch die Häuserschluchten Manhattens. Hierher kamen die Strahlen der Sonne so gut wie nie; es war angenehm kühl. Durch die Straßen zog von der Bucht her eine angenehme Brise. Ihre Blicke wanderten an den endlos langen Fassaden nach oben. Das war es, was sie wollte: nach oben. Hoch hinaus. Jetzt war sie am Fuße dieses Aufstieges angekommen. So wie sie den Weg bis hierher geschafft hatte, Schritt für Schritt, so würde sie nun auch die Stufen nach oben nehmen. Für Sabine waren die Wolkenkratzer nicht nur Wahrzeichen einer Weltstadt; hier standen die Symbole ihrer Sehnsucht, Zeichen ihrer ganz persönlichen Hoffnung.

Als Mary Sabine mit nach Woodstock nehmen wollte, um mit ihr dort den Sommer zu verbringen, gab es die erste Auseinandersetzung. Denn Sabine wollte einen Job finden. Sofort. Damit sie Geld hatte, wenn sie einmal Heimweh bekommen sollte und heimfliegen wollte. Noch überwog zwar die Faszination der großen Stadt, aber wer weiß, wie lange das Heimweh auf sich warten lassen würde.

Entschlossen, zu arbeiten, machte sie sich auf die Suche nach einer Anstellung. Ihre erste Stelle fand sie bei Jacob Jawitz in New York, damals Kongress-Mitglied und später Senator. Sie führte das Baby am Morgen und am Nachmittag je zwei Stunden aus. Mit jedem Schritt, den sie den Kinderwagen vor sich her schob, fühlte sie das Heimweh in sich aufsteigen. Mit einem Schlag kam sie sich so hilflos vor wie das kleine Menschenbündel vor ihr im Kinderwagen. Sie setzte sich auf die Bank vor der Wohnung am Riverside 3 und weinte. Immer wieder traf sie alte deutsche Juden, die schon vor dem Krieg hierher gekommen waren. Aber jedes Mal, wenn sie jemanden deutsch reden hörte, wurden ihre Augen wie von selbst feucht, und sie heulte los. Abends saß sie am Bett des Kindes, hielt seine Hand und erzählte ihm von ihrem Vater, von Ostpreußen und von ihrem Heimweh. Ihre Gefühle übermannten sie immer wieder, aber ihr Wille blieb felsenfest. Sie wollte bleiben, und sie würde bleiben. Welche Widerstände sich ihr auch in den Weg werfen würden, sie war entschlossen, ihnen zu trotzen.

Ganze hundert Dollar bekam sie pro Monat als Kindermädchen. Üblich waren zweihundert. Dennoch sparte sie monatlich fast fünfundneunzig Dollar. Ein Hotdog kostete fünfzehn Cent. Mit einem Dollar in der Woche kam sie gut aus. Dass das aber keine Stelle fürs Leben sein konnte, war ihr bald klar. Frau Jawitz war eine kalte, gefühllose Frau; und sie war sparsam. Manchmal musste Sabine Babynahrung essen, um satt zu werden. Bald kündigte sie kurzentschlossen, noch ohne eine neue Stelle zu haben. Genau das aber erzählte sie ihrer Hausherrin. Sie musste lügen, um ein gutes Zeugnis zu bekommen. Und das gab es nur, wenn sie aus plausiblen Gründen kündigte.

Ihr nächster Arbeitgeber war Familie Leonhard. Ebenfalls Juden. Ihre Aufgaben verdoppelten sich dort auf einen Schlag: Sie hießen Nancy und Margery und waren acht Monate alte Zwillinge. Sabine hatte so richtig Spaß mit den beiden kleinen Ladys. Hier begann sie erstmals aufzublühen. Das Lachen der Kinder ließen sie ihr Heimweh mehr und mehr vergessen. Die Leonhards nahmen sie wie ein Mitglied der Familie auf. Im Haus herrschte eine herzliche Atmosphäre. Sabine kochte, wusch, bediente – nichts davon hätte sie als Kindermädchen machen müssen. Aber sie tat es gern. Dabei trug sie eine weiße Uniform, die ihre inzwischen schon gebräunte Haut zur Geltung brachte. Es ging ihr gut, und sie sah gut aus – zu gut, um auf Dauer Kindermädchen zu sein.

Die Leonhards hatten ein Haus in New York und ein weiteres in Miami. Mr. Leonard arbeitete als freier Journalist und hielt sich mehr in New York als in Florida auf. Er war ein ausgesprochen freundlicher, aufgeschlossener und liebenswürdiger Mensch. Sein Personal sollte es gut bei ihm haben, und so hatte er nichts dagegen, dass Sabine eine Abendschule besuchte. Sie bekam hundertfünfzig Dollar im Monat, machte abends eine Ausbildung zur Hotelfachfrau und war fest eingebunden in das Leben einer Familie der oberen Mittelklasse. Bei den Leonhards verbrachte sie den Winter. Wenn Sabine abends im Bett lag und nicht sofort todmüde einschlief – was selten genug vorkam – dann schmunzelte sie manchmal vor sich hin. Sie konnte zufrieden sein: In ihren ersten Monaten in Amerika hatte sie es schon weit gebracht. Dankbar und ein bisschen stolz schlief sie ein und träumte von ihrer nächsten Station: Miami Beach in Florida. Denn dorthin würde sie in den nächsten Tagen mit den Zwillingen fahren.

*

Florida musste ein Stück vom Paradies sein. So hatte sie sich den Bundesstaat im Südosten immer vorgestellt. Und ganz falsch lag sie damit nicht: Palmen säumten die Straßen und Strände, der Himmel war tiefblau und der Blick über das Meer ein Traum. Es war wunderbar warm. Ein Platz zum Verweilen; mehr noch: ein Ort zum Verlieben. Sabine genoss es, die Zwillinge in dieser Landschaft zu versorgen. Die beiden Mädchen waren Glückskinder, fand sie. Sie wuchsen in einer ordentlichen Familie auf und in einer unglaublichen Umgebung.

An einem Samstagnachmittag fuhr sie mit der ganzen Familie zum Baden. Schon seit Wochen machte sie sich mehr als sonst Gedanken über ihre Zukunft. Bald ein Jahr war sie nun schon in den Staaten, und sie dachte nicht im Traum daran, zurück nach Europa zu gehen. Hin und wieder schrieb sie einen Brief. Ganz selten führte sie ein Telefongespräch mit der Familie in Deutschland. Der Kontakt war dürftig, doch die Briefe ihres Vaters hütete sie wie Schätze. Eins war klar: Lange konnte sie bei den Leonhards nicht mehr bleiben. So schön und familiär es auch bei ihnen war. Es musste weitergehen, sie musste weiterziehen. Aber wohin?

Die Schwimmhalle gehörte zum Hotel „Macfadden-Deauville". Es war herrlich, hier zu schwimmen. Und Sabine hatte Spaß, mit den Zwillingen im Wasser zu planschen.

Spaß hatte außer den Badenden noch jemand, ein Zuschauer, der am Rand der Schwimmhalle wie angewurzelt stand und das fröhliche Treiben im Becken beobachtete. Seine Augen ruhten auf der jungen Frau, die dort so ausgelassen mit zwei Kleinkindern lachte. Sie trug einen hell glänzenden Badeanzug, dessen Träger über gebräunte Schultern glitten und ein – wie er fand – faszinierendes Dekolleté umrahmten. Es war der Blick eines Kenners, der hier quer durch die Schwimmhalle kreuzte.

Warren Freeman hatte Gefallen daran, ab und zu die jüngeren Gäste zu inspizieren und zu begutachten. „Das gehört zum Job", konnte er mit einem Lächeln sagen. Damit lag er nicht ganz falsch, denn als Manager eines Hotels – mit erstklassigem Ruf in erstklassigen Kreisen – war er auch für das Personal zuständig. Und da seine Gäste nun einmal anspruchsvoll in jeder Hinsicht waren, trug er Sorge dafür, dass auch das Hotelpersonal gehobenen optischen Ansprüchen genügen konnte.

Freeman war ein adretter, lebenslustiger und warmherziger Gentleman. Während des Krieges war er als Major der Luftwaffe in Europa und Afrika im Einsatz, unter anderem in Südengland, Schottland, Casablanca und Paris. Aber seit 1945 hatte er die Uniform abgelegt und gegen sportliche Hemden getauscht, die er meist über der Hose trug. Zudem war er ein ausgebuffter Geschäftsmann mit Beziehungen nach ganz oben. Eigentlich war das kein Wunder, führte er doch ein Hotel just in der Gegend, wo die Größen des Big Business Urlaub machten. Für Reporter der Regenbogenpresse war er eine nie versiegende Informationsquelle. Nicht dass er indiskret gewesen wäre, aber schon die leisesten Andeutungen aus seinem Mund gaben genug Stoff her, um zwei oder drei Klatschspalten mit heißesten Spekulationen zu füllen. Seine Kontakte waren zu Politikern ebenso gut wie zu Vertretern der Filmbranche, was ihm allseits Respekt, Hochachtung und Freundlichkeit einbrachte. Wahrscheinlich war er einer der am meisten hofierten Männer in Miami. Eigentlich empfahl es sich für jeden, sich mit Freeman gut zu stellen. So umgab ihn eine Aura der Bedeutsamkeit, die er sichtlich genoss. Es läge

Sabine 1950 in Miami

nahe, hinter einem Menschen in solch einer Funktion ein arrogantes Ekel zu vermuten; aber dieses Urteil würde Warren Freeman nicht gerecht. Im Gegenteil: Es war erstaunlich, was für ein sympathischer und umgänglicher Kerl er trotz seiner einflussreichen Position geblieben war.

Es kam geradezu einem Ritterschlag gleich, von Freeman so ins Visier genommen zu werden, wie es Sabine an diesem Nachmittag widerfuhr. Wer die besondere Aufmerksamkeit dieses Mannes gewonnen hatte, noch dazu, ohne sich angestrengt zu haben, konnte sich als geadelt betrachten und „von und zu" schreiben.

Sabine ahnte nichts von all dem. Sie spielte vergnügt mit den Kindern im flachen Wasser. Und wenn diese sich für einige Momente selbst beschäftigten, dann schwamm sie einige Züge und genoss die Bewegung im warmen Wasser. Dass ihre Bewegungen im selben Moment als elegant, ja sogar anmutig bewertet wurden, merkte sie nicht. Sie registrierte nicht einmal, dass sich ein Herr in einem weißen Anzug am Beckenrand mit dem Bademeister unterhielt und von ihm erfuhr, dass das Kindermädchen der Leonhards unter den Badegästen war.

Als Freeman wenig später in Erfahrung brachte, dass das charmante Kindermädchen nicht nur Kindermädchen, sondern ganz nebenbei auch noch Hotelfachfrau gelernt hatte, war er geradezu entzückt. Inzwischen machte sich Sabine daran, mit den Zwillingen die Badeanstalt zu verlassen. Für Freeman der Augenblick um zuzuschlagen; und er schlug zu.

„Miss Koritke!"

Sabine musste immer noch innerlich lächeln, wenn sie das amerikanische „r" in ihrem ostpreußischen Namen hörte.

„Yes, Sir?"

Freeman stellte sich als Hotelmanager vor. Der Duft eines teuren, ziemlich herben Deodorants umgab den Charmeur.

„Darf ich Sie für heute Abend auf einen Drink einladen? Ich würde gerne etwas mit Ihnen besprechen."

Sabine war überrascht, aber nicht überrumpelt. Zwar fiel ihr es grundsätzlich schwer, nein zu sagen und sich einer Aufforderung zu widersetzen. In diesem Fall gab es aber auch ganz offensichtlich keinen Grund, die Einladung abzulehnen. Wenngleich sie nicht die leiseste Ahnung hatte, wer Warren Freeman war. Etwas irritiert sagte sie zu und verabredete sich mit Freeman auf halb neun in der Hotelbar. Der Mann hatte etwas Aufregendes, fand sie. Irgendwie konnte sie ihn gut riechen.

Zu Hause versicherten ihr die Leonhards, der Mann sei vertrauenswürdig, sie könne getrost der Einladung folgen. Der Name Freeman hatte offensichtlich die erhöhte Aufmerksamkeit des Journalisten erregt. Sabine meinte, ein wissendes Lächeln über sein Gesicht huschen zu sehen. Aber er erklärte ihr nichts weiter, und sie fragte nicht weiter nach. In diesem Moment wusste er bereits, dass Sabines Tage als Kindermädchen in seinem Hause gezählt waren. „Vielleicht war es ein

Fehler, sie nach Miami mitzunehmen", dachte er noch. Aber diese Einsicht kam zu spät.

Wenige Stunden später hatte sie einen neuen Job. Einen Traumjob. Als sie zu den Leonhards nach Hause lief, blieb sie für einige Minuten stehen und blickte über die Strandpromenade. Sie hatte die Hände in ihrer Jackentasche zu Fäusten geballt und lachte. „Yes!", sagte sie sich immer wieder. Irgendjemand musste es verdammt gut mit ihr meinen. Jetzt war sie genau dort, wo sie hinwollte: Mittendrin unter den Schönen und den Reichen. Schön war sie schon, das wusste sie. Reich würde sie werden, dafür kämpfte sie. Und gerade eben hatte sie wieder eine Runde gewonnen.

Sie sollte als Hostess im Hotel arbeiten und so bald wie möglich anfangen. Die Gäste zu begrüßen, sich um Tisch- und Zimmerreservierungen zu kümmern und für eine angenehme Hausatmosphäre zu sorgen – das waren ihre künftigen Aufgaben. Zweihundert Dollar im Monat. Es ging vorwärts. Es ging aufwärts. Anlass genug, weiter zu denken. Früher oder später musste sich unter den Gästen doch ein millionenschwerer Junggeselle finden, dessen Interesse sie wecken könnte. Insgeheim träumte sie davon, einen steinreichen Mann zu heiraten und damit eine gemachte Frau zu sein. Mehr wollte sie nicht. Einfach Ehefrau sein, eine gute Ehefrau, freilich auch Mutter und Hausfrau. Da sein für diesen Mann, für einen tollen Mann, ihn treu umsorgen, ihm dienen – das war es, was sie wollte. Er musste freilich etwas hermachen, etwas darstellen, dann würde sie ja sagen. Wenn er ordentlich war und ehrlich und aufrichtig; wenn er gewisse Prinzipien hatte, wenigstens einige der Prinzipien ihres Vaters; und wenn er sich für sie entscheiden würde, dann würde sie ihm ewig dankbar sein. Nie sollte er seine Entscheidung für sie bereuen müssen. Nein, sie hatte es nicht auf das Geld an sich abgesehen. Sie strebte auch nicht nach einer herausragenden Stellung – sie suchte nur den Platz an der Seite eines großen Mannes. Dort wollte sie ihr kleines Leben leben.

Es war diese eigentümliche Mischung aus Ehrgeiz und Bescheidenheit, die sie antrieben. Eine seltsame Nervosität stieg in ihr auf: Ob sie das schaffen würde? Tagsüber sollte sie einige Büroarbeiten erledigen, abends dann die Gäste des Restaurants begrüßen und zum Tisch geleiten. Dabei fand sie sich schüchtern. Schon als Kind war sie immer rot geworden, wenn Erwachsene sie angesprochen hatten. Und nun sollte sie mit Reden und bloßer Freundlichkeit ihr Geld verdienen? „Mit Ihrem bezaubernden Lächeln", hatte Warren Freeman gesagt. Auch daraufhin war sie rot geworden.

Wie auch immer: Sie würde es wagen. Kneifen war noch nie ihre Art gewesen. Sie war im Begriff, über die Schwelle eines neuen Lebensabschnitts zu schreiten. Irgendwie spürte sie das. Unweigerlich dachte sie zurück an ihre Schwester. Marianne hatte einmal gesagt: „Mir ist es egal, wen ich heirate – ich muss ihn nur lieben, und wenn es ein Schornsteinfeger ist." Sabine war damals schockiert gewesen. „Um Gottes Willen! Bring ja keinen Schornsteinfeger in die Familie. Das kann doch kein Ehemann sein!"

In diesem Moment ertappte sich Sabine, wie sie unentwegt um das eine Thema herumsinnierte. Heiraten ... Sie beschloss, diese Spinnereien augenblicklich zu beenden und in die Realität zurückzukehren. Und die Realität war eigentlich ganz schlicht, so redete sie sich ein: Sie hatte eine neue Stelle. Damit ging sie nach Hause, konnte aber lange nicht einschlafen. Zu gespannt war sie auf das, was nun auf sie zukommen würde.

Wenige Tage später begann die Zukunft. Mrs. Leonhard hatte ihr ein hervorragendes Zeugnis geschrieben und alles erdenklich Gute gewünscht. Ein Wunsch, der sich erfüllen sollte, zumindest vorerst. Das Mädchen aus Ostpreußen war inzwischen sechsundzwanzig Jahre alt und bewegte sich auf fremdem Parkett, aber es bewegte sich offensichtlich gut. Freundlich und charmant, stets zuverlässig und zuvorkommend meisterte Sabine ihre Aufgaben. Pflichtbewusst, fleißig und gründlich – das schätzten ihre Arbeitgeber stets an ihr. Aber nicht nur sie: Bald kannten sie die Gäste und erwiderten schon von weitem ihr Lächeln, wenn sie die Eingangshalle des Hotels betraten.

Unter ihnen war auch Janine, eine junge Französin, etwa im gleichen Alter wie Sabine. Sie sahen sich und waren sich von der ersten Begegnung an sympathisch. Vielleicht lag es daran, dass Janine auch Hostess war und in Sabine eine Kollegin sah. Vielleicht war es auch die Fremde, die sie verband. Beide kamen sie schließlich aus dem fernen Europa, und beide hatte es in die Staaten verschlagen. Ob aus Deutschland oder Frankreich, das war auf die lange Distanz gesehen nicht so wichtig. In Janine hatte Sabine jedenfalls ihre erste Freundin in den USA gefunden. Sie lachten und sie weinten miteinander, sie unternahmen viel gemeinsam und hatten tiefes Vertrauen zueinander. Es gab keine Geheimnisse zwischen ihnen, und sie beide verband derselbe Humor.

Dabei hatte Janine gar nicht viel zu lachen. Eigentlich war sie todunglücklich. Sie lebte in Scheidung. Ihr Mann war Amerikaner, Pilot bei TWA, den sie als Stewardess bei der gleichen Fluggesellschaft kennen gelernt hatte. Ein richtiger Luftikus, wie sich bald herausgestellt hatte. Er hatte etwa so viele Affären wie Flüge und hatte Janine einfach sitzen lassen. Sie liebte ihn dennoch. Erst einmal aber saß sie in Florida auf dem Trockenen. Sie war pleite und hatte sich nur für ein Wochenende im „Macfadden-Deauville“ eingemietet. Wie es danach weitergehen sollte, wusste sie noch nicht.

Janine – eine zierliche Person, schlank, aber „bestens proportioniert“, wie Sabine fand. Stets sportlich-elegant gekleidet, mit einem dunklen Teint und südeuropäischem Charme. Wenn sie lachte, funkelten ihre dunkelbraunen Augen, dass den Männern, deren Blicke sie magnetisch auf sich zog, beinahe schwindlig wurde. Außerdem war sie klug und sprach mehrere Sprachen fließend. Zweifellos, Janine war attraktiv. Ein Umstand, der wohl am wenigsten Warren Freeman verborgen blieb. Es verstand sich eigentlich von selbst, dass er eine so aufregende junge Frau ohne Anstellung umgehend in sein Team holte. Nun hatte er seine europäische Attraktion gleich im

Doppelpack engagiert. Den beiden jungen Frauen stand eine fantastische gemeinsame Zeit bevor.

Janines gebuchtes Wochenende war schnell vorbei. Sabine lud sie kurzerhand ein, zu ihr zu ziehen. Inzwischen hatte sie eine kleine Wohnung gemietet, und zu zweit ließ sich die Freizeit lustiger verbringen als allein. Allzu viel Zeit verbrachten sie allerdings nicht in der Wohnung. Sie hätten fast jeden Abend auf irgendeine Party gehen können. In Miami pulsierte das Leben. In den Hotels und Bars, in Restaurants und Clubs war immer etwas geboten; interessanter waren allerdings die privaten Partys in einer der Villen am Rand der Stadt. Zu ihnen war nur ein exklusiver Kreis geladener Gäste willkommen. Binnen weniger Wochen zählten die beiden freundlichen und attraktiven jungen Frauen dazu. Und wer auf einer Feier dabei war, durfte auf der nächsten nicht fehlen. Stunden in prallem Luxus erwarteten die beiden; besonders anfangs fanden sie die Feste wahnsinnig aufregend. – Für Sabine bot sich an diesen Abenden Gelegenheit, endlich all das nachzuholen, was sie in ihrer Jugendzeit versäumt hatte. Während des Krieges hatte es keine Partys gegeben ...

Schon allein das Ambiente war umwerfend. Viele Villen waren kleine Schlösser. Sie gehörten Geschäftsleuten, von denen Sabine nie erfahren sollte, womit sie eigentlich ihren Reichtum verdienten. Mit Blick auf das Meer nahm man in herrlicher Halbhöhenlage das Dinner ein. Meist war ein Büffet aufgebaut, das jeweils nur ein Ziel zu haben schien: das Angebot der vorausgegangenen Party zu übertreffen. Darauf waren kulinarische Köstlichkeiten zu einer Augenweide erster Güte arrangiert. Mit dem Champagnerglas in der Hand flanierte man über tennisplatzgroße Terrassen, schlenderte in der lauen Abendluft durch paradiesische Gärten, an Pools und Teichen vorbei, um sich irgendwann in einer der Sitzecken niederzulassen. Einige Gastgeber warteten mit besonders ausgefallenen Dekorationen auf. Ein Architekt etwa hielt sich einen Affen auf seiner Veranda, für den er eigens einen Käfig hatte anfertigen lassen. Man konnte mitten in all dem Reichtum leben und doch gefangen sein ...

Es waren immer wieder dieselben Gesichter, die sich mal hier, mal dort trafen. Keine Frage, dass Warren Freeman auf so gut wie jede Party eingeladen war. Seine beiden europäischen Damen im Team allerdings standen ihm in punkto Beliebtheit kaum nach. Sabine und Janine avancierten schnell zur Partyattraktion in Miami und standen auf jeder Einladungsliste. Nicht nur weil schöne Frauen die Männerrunden optisch bereicherten, auch weil sie – zumal sie ungebunden waren – die anwesenden Herren in eine gewisse anregende Spannung versetzten. Kaum einer, der nicht darauf bedacht gewesen wäre, ein Gläschen mit zumindest einer der beiden zu trinken und etwas zu plaudern. Für die Amerikaner hatten die beiden Europäerinnen etwas Exotisches und dezent Erotisches. Nicht zuletzt ihr charmanter Akzent erregte zuweilen heiteres Gelächter. Mit ihrem lockeren Lächeln brachten die Damen die Hormone mancher Junggesellen – und nicht nur deren – in Wallung.

Sabine ertappte sich immer wieder dabei, wie Janines Akzent auf sie abfärbte. Ihr Amerikanisch hatte in diesen Monaten nicht nur den unverkennbar deutschen, sondern auch einen leicht französisch-nasalen Klang. Sie genoss es, zusammen mit Janine im Mittelpunkt zu stehen. Nachmittags gingen sie gemeinsam einkaufen; abends trugen sie die neue Garderobe unter allgemeiner Bewunderung zur Schau – sehr wohl bewusst, dass sie auf den meisten Festen nur eine Art Ausstellungsstück waren. Kaum jemand hatte wirklich ernsthaft persönliches Interesse an ihnen. Die Atmosphäre war zwar heiter und nett, aber die Kontakte blieben oberflächlich. Sabine und Janine jedoch akzeptierten das Unpersönliche als Bedingung des schnellen Spaßes und ließen sich darauf ein. Dabei amüsierten sie sich prächtig und genossen es, Komplimente zu sammeln. Es tat einfach gut, überall willkommen zu sein. – Die meisten Männer aber interessierten sie nicht im Geringsten, schnell waren sie als eitle Angeber durchschaut. Einige tranken unendlich viel, hatten sich aber stets so weit im Griff, dass sie die gängigen Benimmregeln nicht außer Kraft setzten. Abends, wenn sie in ihre Wohnung zurückkehrten, konnten die Freundinnen sich herrlich über den einen oder anderen plumpen Annäherungsversuch amüsieren. Irgendwann nach ausgelassenem Kichern und Lachen schliefen sie dann ein.

Etwas zurückflirten war erlaubt. Allerdings, an eine Grundregel hielten sie sich eisern: Sie kamen zusammen auf ein Fest, und sie gingen wieder zusammen nach Hause. Alle Angebote, die eine gesellige Plauderei in intime Zweisamkeit münden lassen wollten – und davon gab es viele, wenngleich sie stets sehr dezent unterbreitet wurden – lehnten sie kategorisch ab. Viele Singles, die in Florida ein nächtliches Abenteuer suchten, mussten enttäuscht die Segel streichen. So viel Charakterstärke war man hier nicht gewohnt. Bald schon wurde gemunkelt, sie seien Lesben. Ihrer Beliebtheit tat das allerdings keinen Abbruch. Ganz im Gegenteil: Das Interesse an ihnen stieg dadurch nur weiter.

Dennoch machte Sabine die Oberflächlichkeit mehr zu schaffen, als sie sich zunächst eingestehen wollte. Manchmal, wenn sie abends allein im Badezimmer war, stand sie vor dem Spiegel und sah sich in die Augen. Sie war eine außergewöhnlich schöne Frau. Sie hörte Komplimente, und sie wusste, dass sie ernst gemeint waren. Wohin sie kam, sie wurde bewundert und geliebt – ihr Äußeres wurde geliebt. Ja, sie genoss es; anderseits hasste sie ihre Schönheit manchmal fast. Eines Abends hätte sie am liebsten ihr Spiegelbild zerschlagen und mit einer Scherbe ihr Gesicht zerschnitten: „Ich will geliebt werden“, weinte sie leise und sah, wie ihr Tränen über die Wangen rannen, „ich will geliebt werden, für das, was ich wirklich bin.“ In solchen Momenten spürte sie eine tiefe Sehnsucht. Ja, sie war auf der Suche. Auf der Suche nach mehr. Nach etwas, das sie bisher bei allem Erfolg noch nicht gefunden hatte.

Sabine 1951/52

Doch ihre Selbstzweifel offenbarte sie niemandem. Nach außen war sie die charmant lächelnde junge Dame aus Deutschland. Ihr sagenhafter Aufstieg auf der Popularitätsskala entging einem Mann natürlich nicht. Er hatte stets ein Auge auf Personen, die gut ankamen. Warren Freeman war mit seiner Personalpolitik mehr als zufrieden. Wenige Monate, und schon schmiedete er für Sabine andere Pläne. Sie verfügte offensichtlich über Qualitäten, die sie im Hotel gar nicht ausspielen konnte. Freilich ahnte Sabine von diesen Überlegungen so lange nichts, bis Freeman sie ihr schließlich offenbarte. Keine PR-Strategie der Welt hätte ihre Karriere besser planen können.

*

Die nächste Stelle sollte für Sabine das Sprungbrett nach ganz oben sein. Freeman bot ihr eine Allround-Tätigkeit in seinem Yachtclub an. Sabines Augen leuchteten, als er ihr sein neues Angebot unterbreitete.

„Hostess im Quarterdeck-Club ... Und was soll ich dort machen?"

Freeman lächelte freundlich: „Das wirst du schon sehen."

Sabine traute sich nicht, weiter nachzuhaken. Ihr Auftreten war zwar sicher, und sie strahlte auch Selbstbewusstsein aus, aber es fiel ihr immer noch schwer, beharrlich nachzufragen oder gar ihrem Vorgesetzten zu widersprechen.

Freeman konnte ihr die sprachlose Neugierde von den Augen ablesen und lachte: „Hey, es wird sehr, sehr interessant werden."

Er hob sein Glas, prostete ihr zu und ging weiter zu einem der vielen wichtigen – und übrigens auch übergewichtigen – Gäste.

Zwei Tage später arbeitete Sabine im „Quarterdeck-Club". Dort bekam sie zwar kaum mehr Grundhonorar als im Hotel; dafür war das Trinkgeld besser, die Arbeit abwechslungsreicher und vor allem: der Umgang exklusiver. Sommer, Sonne und die

Söhne reicher Eltern – sie sollten ab sofort ihr Leben bestimmen.

Janine flog nach einigen turbulenten Monaten in Florida nach Frankreich zurück. Ein schmerzlicher Abschied; für Sabine aber auch Anlass, nun ihre ganze Aufmerksamkeit dem Club zu widmen. Hier hatte sie einen wirklich herrlichen Job. Der Club lag vor der Küste Miamis. Er war auf Pfählen gebaut und nur mit dem Boot erreichbar. An den Piers legten gigantische Yachten an, private Luxusliner, schwimmende Villen. Sie verweilten für ein paar Stunden, manchmal auch Tage. Dann fuhren sie hinüber auf die Bahamas, hinaus auf den Atlantik oder hinunter in den Golf von Mexiko. Um das große Blockhaus schlang sich eine breite Terrasse mit einem traumhaften Ausblick in alle Richtungen. Auf der einen Seite schweifte der Blick über das Meer bis zum Horizont, auf der anderen lag die Küste mit ihren Promenaden, Stränden und Felsen. Im Blockhaus wartete eine stilvoll eingerichtete Cocktail-Lounge nie vergeblich auf Besucher. Es gab sogar Zimmer, die an Übernachtungsgäste vermietet wurden.

Besonders ulkig fand Sabine die Toiletten, die ihren Inhalt direkt in den Ozean weiterleiteten. Der Clou aber war die Bar. Dort gab es, direkt neben dem Tresen, eine Art Klapptür im Boden, die sich öffnen ließ und den Blick auf das Meer frei gab. So konnten die Gäste auf dem Barhocker sitzen, plaudernd einen Cocktail trinken und ganz nebenbei fischen. Unter dem Club waren Fallen für „crawfish" aufgestellt, eine Art Krebs, die in guten Hotels von Miami als Delikatesse angeboten wurde.

Sabine war das „Mädchen für alles". Sie kaufte ein, das heißt: Sie schaffte Körbe voll mit Lebensmitteln vom Festland in die Residenz auf dem Meer. Sie strich das Deck mit einer neuen Farbe an: ein fröhliches helles Gelb. Hin und wieder stand sie an der Bar und schenkte Drinks aus, allerdings nur aushilfsweise. Das war die einzige Arbeit, die sie ungern machte; am Liebsten war sie im Freien, ließ die frische Brise durch ihr Haar tanzen und die Sonne Floridas auf ihre Haut scheinen. Sie liebte ihre Arbeit. Schon nach wenigen Wochen wurde der Club zu ihrem einzigen Lebensinhalt. Immer öfter verbrachte sie auch die Nächte auf dem Anwesen. Ein kleines Zimmer wurde so gut wie nie von Übernachtungsgästen benutzt, genau richtig für sie. Schließlich gab sie ihre Wohnung in Miami auf, um die ganze Zeit im „Quarterdeck-Club" zu sein.

Manchmal, wenn keine Gäste da waren, nahm sie ihr kleines Boot, fuhr ein Stück auf das Meer hinaus und dachte über ihr Leben nach. Wie weit weg waren das zerbombte Deutschland, die Flammen von Dresden und Dessau. Aber ohne Gefahren war das Leben auch hier nicht. Daran erinnerten sie die Haifische, die in regelmäßigen Abständen am Club auftauchten. Von ihrem Zimmer aus sah sie immer wieder die Flossen aus dem Wasser ragen. Irgendwie aufregend, sich nur knapp zwei Meter über ihnen schlafen zu legen.

Wenn es einen Ort auf der Welt gab, an dem Himmel und Erde sich küssten, dann musste es hier sein. Nicht nur das Meer und die Küste, die teuren Yachten, die reichen, braun gebrannten, zumeist männlichen Gäste, einfach die ganz Atmosphäre begeisterte sie. Das Leben war hier so leicht. Sabine genoss es. Und sie genoss das Vertrauen von Warren Freeman. Sabine war für ihn mehr als nur eine Angestellte für alles Mögliche. Ihr Pflichtbewusstsein und ihre Loyalität, ihre Gründlichkeit und ihre Ehrlichkeit beeindruckten ihn sehr. Sie ging alles so unkompliziert an und war auch in Kleinigkeiten immer aufrichtig. Er schätzte sie mehr, als sie jemals ahnte. Was ihr selbstverständlich erschien, wertete er als besondere Qualitäten. Wenige Wochen nach ihrem Start im Club übergab ihr Freeman die Kasse.

Mit einem Mal war Sabine die Managerin des Clubs. Sie verwaltete die Tageseinnahmen und war zuständig für die Kundenbetreuung. Sie hatte einfach da zu sein für die Gäste und ihre Anliegen, jeden Einzelnen zu begrüßen, zu plaudern und sie zu unterhalten. Ihre Freundlichkeit, ihre Herzlichkeit und ihr deutscher Akzent prägten die Atmosphäre. Im Haus, auf der Terrasse und bald auch auf so mancher Yacht. Immer öfter wurde sie zu einem Bootstrip eingeladen. Die meisten Gäste fanden das Mädchen mit dem so unenglischen Namen einfach süß; aber „sweet Sabine“ (sprich: Saebinae) war durchaus eine geachtete Persönlichkeit. Charmant und sexy – ja, das wohl, aber kein leichtes Mädchen. Sie steigerte die Attraktivität des Clubs, ohne sein Niveau zu senken.

Außerdem verstand sie sich bestens mit Barkeeper Freddy. Sabine alberte gerne mit ihm und nannte ihn „Cowboy“.

„Hey Cowboy, einen Whisky für Mister Roboso“, konnte sie sagen. Sekunden später servierte Freddy die Bestellung. Er stammte aus Texas und hatte zu jedem Drink einen Spruch auf Lager. Außerdem arbeiteten hier noch eine Kellnerin und natürlich ein Koch in der Bar. Für Sabine wurden sie bald zu einer Art Familie. Der Club war ihr Zuhause. Und da sie nun mal ein häuslicher Typ war, pflegte sie ihr Haus. Jeder Gast sollte sich hier wohl fühlen. Sabine legte ihr Herz in den Club. Dass sie damit auch heftiges Herzklopfen auslöste, war eigentlich nur ein Nebeneffekt – allerdings ein folgenschwerer.

Keine Frage: Mit der Stelle im Club war sie ihrem großen Ziel einen entscheidenden Schritt näher gekommen. Reiche Junggesellen gab es in rauen Mengen. Eine sehr exklusive Auswahl an Männern, die ihre Geschäfte per Telefon erledigten. Manchmal, wenn sie allein in ihrem Zimmer war, spielte Sabine mit Gedanken, die weitergingen. Weiter, als sie selbst je gehen würde. Wenn sie in der Bar war, spielte sie mit Blicken, Worten und Gesten. Mitspieler zu finden, war nicht das Problem. Das aufregende Spiel wurde eher von Briefen aus Deutschland gestört. Immer wieder wies ihr Vater auf die Gefahren des Reichtums hin. Er warnte vor dem oberflächlichen Leben der Obersten und rühmte wahre Werte wie Treue und Fleiß, Wahrhaftigkeit und Redlichkeit. Sabine schätzte ihren Vater, und längst hatte sie seine Prinzipien verinnerlicht. Sie prägten ihr Leben mehr, als sie sich eingestand. Und doch störten sie seine Briefe, die er aus der Ferne schrieb, als würde er jede ihrer Stunden im Club live miterleben. Die Briefe der Mutter waren da schon angenehmer, weil unverbindlicher. Sie erzählte vom alltäglichen Leben in Deutschland, von Verwandten und Nachbarn, von alten Freundinnen wie Inge Kleppel oder Monique, ihrer Schulkameradin, mit der sich Sabine immer bestens verstanden hatte. Vaters Briefe dagegen erwiesen sich als Spielverderber. Aber freilich: Auf die Dauer konnten sie auch die tiefsinnigsten Briefe nicht von sinnlichen Freuden abhalten.

Allein die großen Namen und die Funktionen der Herren wären eigentlich eine Sünde wert gewesen. Leute wie Conrad Hilton und Benny Goodman verkehrten im Club. Schauspieler, Politiker und Geschäftsleute waren auf den Pfählen vor den Linsen der Fotografen sicher. Sie genossen die private und diskrete Atmosphäre. So manches prominente Pärchen wagte es im Club, unbeschwert in die Nacht zu tanzen. Sabine war einigermaßen schockiert, als sie das nach und nach bemerkte. Der Regenbogenpresse entgingen hier einige skandalträchtige Schlagzeilen – sicher ein Grund, warum das Trinkgeld so gut war.

Die Präsidenten sämtlicher Airlines gingen ein und aus. Freddy schenkte ihnen ein, sie tranken aus. Und Sabine zauberte ihnen Flugzeuge in den Bauch. Mit jedem Glas, das sie leerten, verloren sie für Sabine aber an Attraktivität. Ganz abgesehen davon, dass die meisten längst graue Schläfen und eine braun gebrannte Stirn hatten, die sich nicht selten von den Augenbrauen bis zum Hinterkopf ausdehnte. Zumeist waren sie so sehr von sich eingenommen, dass sie ständig am Erzählen waren. Mit steigendem Alkoholspiegel kamen die Prahlhänse auf immer steilere Protztouren. Ab und zu ziemlich erheiternd für Sabine. Zusammen mit Janine hätte sie jetzt ihre helle Freude daran gehabt.

Einer aber war anders. Ein gut aussehender, dunkelhaariger Mann mit einem leichten Ansatz zu Geheimratsecken. Er mochte so Mitte oder Ende vierzig sein und grüßte freundlich, als er zusammen mit B.B. Roboso, einem alten Stammkunden, die Bar betrat. Sabine nahm ihnen die Trenchcoats ab und begleitete sie an die Bar. Die Mäntel waren tropfnass. Draußen war es ziemlich windig, und es goss in Strömen. Eines der Tiefdruckgebiete tobte sich aus, die sich immer wieder vom südlichen Atlantik über Florida hermachten. Gott sei Dank kein Tornado, einfach nur Schmuddelwetter.

Eigentlich wollte B.B. Roboso mit seinem Freund fischen gehen, verkündete er. Daraus konnte aber in absehbarer Zeit nichts werden. Gut, dass der „Quarterdeck-Club" Zuflucht und Unterhaltung bot.

„Haben Sie einen besonderen Wunsch, Mister ...?"

Sabine sprach Robosos Bekannten höflich an. Vielleicht noch etwas freundlicher als gewohnt.

„Nennen Sie mich Richard", sagte er und lächelte mindestens so freundlich zurück.

„Setzen Sie sich doch zu mir", lud er Sabine ein. Sie ließ sich auf einem Barhocker nieder und ließ sich von Freddy ein Mineralwasser einschenken.

Richard war geschmackvoll, aber leger gekleidet, hatte ein dezent herbes Aftershave aufgetragen und verhielt sich sehr galant und zuvorkommend. Auf Sabine machte er einen sehr aufgeschlossenen Eindruck. Was ihn von den meisten andern Gästen unterschied, war seine ausgesprochene Zurückhaltung in punkto Selbstdarstellung. Kein Wort zu viel. Nichts von der Prahlerei anderer Clubbesucher. Dafür aber ein sehr freundliches Lachen – und Fragen. Persönliche Fragen an Sabine. Eingeleitet mit der nahe liegendsten:

„Sie sind keine Amerikanerin, nicht wahr?"

„Nein, das bin ich nicht. Ich arbeite erst seit gut zwei Jahren in den Staaten."

„Aus Deutschland?"

Sabine schmunzelte; ihr Akzent war einfach verräterisch.

„Ja, sehr richtig. Ich komme aus Deutschland."

So weit fragten sich die meisten Gäste in Sabines Leben hinein. Dann aber suchten sie recht schnell einen Punkt, von dem aus sie das Gespräch auf sich und ihre Geschichten lenken konnten. Ganz anders bei Richard. „Deutschland" war ein Stichwort, das ihn förmlich an Sabine fesselte. Er wollte alles wissen. Einfach alles. Wann sie ausgereist sei, warum sie ihr Vaterland verlassen habe. Vor allem aber, wie sie den Krieg erlebt habe, woher sie genau komme. Sabine erzählte. Zum ersten Mal erzählte sie ausführlich von Königsberg, von Dresden und von Dessau. Von ihrem Vater. Von der „Wilhelm Gustloff", den russischen Besatzern und ihrer Arbeit im Offiziersclub bei Günzburg. Und Richard frage nach Hitler. Wie sie ihn erlebt habe, was „der Führer" für sie bedeutet habe. Seine Augen hingen an ihren Lippen, als sie von ihrem Vater berichtete, von den Nachrichten der BBC, von ihrer heimlichen Bewunderung Hitlers und ihrer großen Enttäuschung.

Noch nie hatte sie einen Amerikaner getroffen, der ein solches Interesse an Deutschland hatte. Und der zugleich so viel wusste. Sie hatte einen sehr gebildeten Menschen vor sich. Das merkte sie schnell. Aber über ihn selbst erfuhr sie wenig. Er stellte sich als Anwalt vor. Er stamme aus Yorba Linda in Kalifornien. Während des Krieges musste er bei der Marine gewesen sein; das schloss Sabine aus den wenigen Andeutungen über seine Kriegserlebnisse. Und er machte keinen Hehl aus seiner Abneigung gegenüber den Kommunisten. Das war in den USA an sich nichts Besonderes. Aber Richard wurde sichtlich erregt, als Sabine den kommunistischen Osten erwähnte. Dass ihre ostpreußische Heimat für nicht absehbare Zeit in sozialistischer Hand war, erfüllte ihn mit großer Anteilnahme. „Was für eine Tragödie", wiederholte er immer wieder.

Die Stunden vergingen wie im Flug. Sie unterhielten sich prächtig. Von einem Tisch am Fenster aus sah B.B. Roboso, der mit einigen Bekannten Karten spielte, dass er sich um die Unterhaltung seines geheimnisvollen Freundes keine Sorgen zu machen brauchte. Richard war bei Sabine bestens aufgehoben – und, wie es schien, sie auch bei ihm.

Sabine hatte keine Schimmer davon, dass der Mann, mit dem sie sich so unbeschwert unterhalten hatte, mit vollem Namen

Richard Milhous Nixon hieß, Mitglied des US-Senats war und schon ein Jahr später als Kandidat der Republikaner für das Amt des Vizepräsidenten aufgestellt werden sollte. Hätte sie das auch nur leise geahnt, sie hätte sicher kein Wort herausgebracht. B.B. Roboso verriet ihr das Geheimnis seines Begleiters erst bei einem seiner späteren Besuche im Club. Als Sabine sichtlich bleich wurde, frohlockte er und lud sie auf einen Drink ein. Dass Richard Nixon von 1969 bis 1974 als 37. Präsident die USA regieren würde, wussten freilich beide noch nicht. Ebenso wenig, dass er als erster US-Präsident am 8. August 1974 aufgrund eines verheerenden Skandals, der als „Watergate-Affäre" in die Geschichte eingehen sollte, zurücktreten würde. Ihr Mangel an politischer Bildung bescherte Sabine eine Begegnung, um die sie noch viele beneiden würden. Völlig unbefangen hatte sie einem angehenden Präsidenten aus ihrem Leben erzählt; aber es blieb bei diesem einmaligen Treffen.

Persönlich bedeutsamer sollte die Begegnung mit einem anderen Mann werden: die Begegnung mit Clifford Ball, den alle nur Cliff nannten. Cliff war ein Geschäftsmann, von dem Sabine nicht wusste, womit genau er eigentlich Geschäfte machte. Jedenfalls waren seine Aktionen erfolgreich, die Geschäfte ertragreich und er selbst steinreich. Das belegten allein schon die Ausmaße seiner Yacht, die von einem eigens dafür angestellten Kapitän gesteuert wurde und zu den besseren an den Piers gehörte. So viel konnte Sabine schnell sagen.

Cliff war eigentlich ein ganz gewöhnlicher Gast. Er war mit seinen zweiunddreißig Jahren nicht mehr der Allerjüngste, hatte schon etwas lichtes Haar, viel Geld und viel Zeit. Zeit genug jedenfalls, um sich ausgiebig mit seiner Yacht zu vergnügen und hin und wieder ein Gläschen zu trinken. Was ihn von andern Gästen unterschied, war sein besonderes Interesse an Sabine. Ein Interesse, das über das übliche Maß an Bewunderung hinausging, das einer schönen Frau in Männerkreisen gemeinhin widerfährt. Seine Blicke und versteckten Komplimente blieben Sabine nicht verborgen. Vor allem aber fiel ihr seine Hilfsbereitschaft auf. Er war sich nicht zu schade, mit ihr einkaufen zu gehen. Bot ihr an, bei allen möglichen Arbeiten zu helfen. Das gefiel ihr. Mehr noch: Das imponierte ihr. Er schien ein fürsorglicher Mensch zu sein, ein wirklich gutmütiger Mann.

*

Gemüse und Obst, ein paar Nägel und Schrauben für die Werkstatt sowie einige Tücher zur Dekoration der Bar – das stand auf ihrem Einkaufszettel für den Club. Wo die Dinge am besten zu besorgen waren, wusste Sabine. Wenn nicht, dann fand sie es heraus. Sie musste es wohl oder übel herausfinden. Auf Cliff konnte sie dabei nicht zählen. Er schlug auch nicht vor, wohin sie zuerst gehen sollten. Ganz im Gegenteil: Er überließ Sabine die Organisation, trottete ihr glückselig hinterher und beschränkte sich auf Trägerdienste – freilich nur, bis sie wieder sein nagelneues Auto erreicht hatten.

Sabine konnte zwar alles Organisieren nicht ausstehen, und sie hasste es, sagen zu müssen, wo es langging. Es war ihr viel lieber, wenn ihr jemand sagte, was zu tun sei. Dann war der Rahmen abgesteckt, in dem sie sich bewegen und ihren Dienst verrichten konnte. Zu gehorchen lag ihr viel mehr als Befehle auszuteilen. Dennoch: Sie konnte dieser Art, einkaufen zu gehen, doch etwas abgewinnen. Wer ließ sein Gemüse schon in einem Cadillac nach Hause chauffieren ...

Auch der Sohn des Gouverneurs von Georgia, C.D. Rivers, hatte ein Auge auf Sabine geworfen. Ganz im Vertrauen bot er ihr an:

„Wann immer du Hilfe beim Einkaufen auf dem Festland brauchst – ein Wort genügt, und ich schick dir meinen Chauffeur.“

Einmal hatte Sabine das Angebot angenommen und war

prompt in ein Fettnäpfchen getreten. Besser gesagt, sie setzte sich in eines: nämlich auf den Vordersitz der Limousine, direkt neben den schwarzen Fahrer. Eine absolute Unmöglichkeit, wie sie der verdutzte Chauffeur höflich belehrte. Als Lady, zumal als eine Weiße, musste sie natürlich auf dem Rücksitz Platz nehmen!

Einkaufen mit der Limo war nicht schlecht, aber zweifellos: Mit seinem persönlichen Einsatz hatte Clifford Ball gepunktet bei Sabine. Zumindest hatte er sich gegenüber C.D. Rivers einen entscheidenden Vorsprung erarbeitet.

Cliff war sehr genügsam. Bei seinem Wohlstand auch keine Kunst. Er hatte ja mehr als genug. Von Beruf war er vor allem Sohn. Er lebte in einem der Häuser seiner Eltern in Miami. Die Eltern selbst verbrachten die meiste Zeit des Jahres in Philadelphia. Er schätzte sie, er liebte sie und tat alles für sie. Einen Grund, gegen sie aufzubegehren, gab es nicht. Warum auch? Schließlich ließen sie keinen seiner Wünsche unerfüllt. Er konnte zufrieden sein, und er war es: zufrieden, friedlich und eigentlich – wenn sein Reichtum nicht so aufregend gewesen wäre – langweilig.

Nur einmal war er regelrecht draufgängerisch. Er hatte Sabine eingeladen und abends ausgeführt. Sie gingen gut und vor allem teuer essen. Sabine ließ sich einen Gang nach dem andern, Delikatesse auf Delikatesse servieren. Sie genoss den hervorragenden Fisch, den Weißwein aus Kalifornien und die himmlischen Früchte irgendwo aus dem Paradies. Obwohl sie inzwischen schon einiges an Luxus gesehen hatte, empfand sie diesen Abend als besonders prickelnd. Gegenüber saß immerhin ein Millionär, der sie eingeladen hatte – sie allein. Er verbrachte den Abend nur mit ihr, und er war sich nicht zu schade, mit ihr einkaufen zu gehen. Sie spürte in sich das Glück aufsteigen, als würden die kleinen Bläschen des Champagners nicht nur in ihrem Glas, sondern in ihrer Seele nach oben perlen. War sie verliebt in ihn? Sie konnte es jedenfalls nicht ganz ausschließen.

Er sah nicht übermäßig gut aus, aber seine Figur war in

Ordnung. Und: Er brachte sie zum Lachen. Wenn er ein, zwei Gläschen getrunken hatte, dann konnte er so richtig aus sich herausgehen. Einmal hatte er im Clubrestaurant den Kellner gespielt. Er hatte seine Serviette gefaltet, sie über seinen rechten Unterarm gelegt und war von Tisch zu Tisch getänzelt. Der ganze Raum war von seinen Possen begeistert gewesen, und Sabine hatte sich vor Lachen gebogen.

Zweifellos: Er hatte viel Humor und außerdem ein Speedboot. – Wenn sie sich schon nicht in ihn verliebte, dann jedenfalls in seinen Lebensstil. Ganz besonders gefiel ihr, wie dezent Cliff die Rechnung beglich. Ohne Bargeld versteht sich. Männer wie er konnten mit ihrem guten Namen bezahlen.

Sie verließen das Restaurant, stiegen in den Cadillac und fuhren nach Hause. Cliff brachte sie zurück zum Club. Er hielt den Wagen an, stieg aber nicht aus, um ihr die Tür zu öffnen. Freundlich, beinahe etwas verlegen lächelte er herüber. Er schien auf einmal etwas nervös zu sein. Ungeschickt fingerte er mit der linken Hand an der Tasche seines Jacketts herum. Schließlich zog er ein kleines schwarzes Kästchen hervor und hatte sich damit auch schon wieder gefangen. Er nahm es in seine rechte Hand und hielt es Sabine entgegen. Sie spürte ihr Herz klopfen – in der Brust, am Hals, eigentlich überall. Sie fühlte sich wie ein einziges pulsierendes Etwas.

Cliff lächelte, suchte Sabines blaue Augen, löste sie von dem Kästchen in seiner Hand, fesselte ihren Blick und blinzelte ihr so freundlich wie bestimmt zu:

„Willst du mich heiraten?“

Im selben Moment öffnete er die Schatulle. Gerade so, als sei damit die Antwort schon vorweggenommen. Er genoss es zu beobachten, wie ihre Augen der Versuchung nicht widerstehen konnten und den Blick in das offene Kästchen hinabgleiten ließen.

Stille im Auto.

Aber alles in Sabine schrie auf. Sämtliche Alarmglocken läuteten Sturm. Sie wusste gar nicht, was sie mehr verblüffte:

Die Frage in ihren Ohren oder die blitzenden Diamanten vor ihren Augen.

Tausend Gedanken schossen ihr auf einmal durch den Kopf. Aber sie brachte keine Silbe heraus. Für Sekundenbruchteile – halbe Ewigkeiten eben – rang sie nach Worten. Schließlich fand sie eines und presste ein hilfloses „Cliff!“ hervor.

Er war um einen romantischen Tonfall bemüht und sagte leise: „Sabine ...“

Für sie war das allerdings das Stichwort, wieder Fassung zu finden. Statt zu betören, erreichte sein Hauchen das Gegenteil. Sie hörte ihren Namen und war wieder sie selbst. Auf einen Schlag war das Chaos in ihrem Kopf wieder geordnet, mit einem Wort der Gefühlssturm gestillt.

„Cliff“, so nahm sie ihren Faden wieder auf, „ich kann das nicht annehmen. Und ich kann jetzt nicht ja sagen. Das geht mir ... etwas zu schnell.“

Ihr Tonfall war nüchtern, gelassen und bestimmt, aber nicht schroff. Dennoch überging sie damit seinen enttäuschten Blick völlig.

Cliff zog die Augenbrauen hoch, öffnete den Mund, brachte aber keinen passenden Satz heraus und holte erst einmal tief Luft. Er war viel zu sehr Gentleman, um auch nur ansatzweise zu widersprechen – eigentlich.

„Oh, natürlich“, versuchte er seine Bauchlandung zu kaschieren – gerade so, als wäre er um ein Taschentuch gebeten worden.

Flüsternd schob er nach: „Bitte verzeih!“

Aber was sollte er nun mit dem diamantenbestückten Ring in seiner rechten Hand tun? Fragend blickte er das Prachtstück an und startete schließlich einen zweiten Anlauf:

„Aber jetzt hab ich den Ring doch schon gekauft“, und halb zu sich selbst: „*Nein* ... zu einem Siebentausend-Dollar-Ring.“

Sabine wusste, was er dachte. Ein Ring im Wert eines neuen Mercedes. Wenn das nicht überzeugend war!

Aber gerade die Wucht dieses Antrags schreckte sie ab. Sie wollte sich nicht erpressen lassen. Aus freien Stücken wollte sie ihr Jawort geben. „Ja, ich will“, wollte sie sagen und nicht: „Ja, das überzeugt mich.“

Hätte Vater Koritke seine Tochter in dieser Szene beobachtet – er wäre stolz auf sie gewesen, zumindest für diesen einen Moment.

„Willst du mich kaufen?“, fragte sie zurück.

Cliff war mehr verdutzt als beschämt. Mit Geld anzugeben, war er von Kind auf gewohnt. Sabine legte ihre Hand auf seine, in der er immer noch die Schmuckschatulle hielt.

„Weißt du, wenn ich heirate, dann will ich auch verheiratet bleiben. Also, gib mir noch etwas Zeit.“

*

„Wow!“

Janine juchzte, als sie die Neuigkeiten aus Florida hörte. Aufgedreht sprang sie auf ihrem Stuhl hin und her.

„Yes, yes, yes! Ich hab's ja schon immer gewusst!“

Eigentlich hatte sie ja schon darauf gewartet: Früher oder später musste Sabine einen der Quarterdeck-Gäste auf der Matte stehen haben. Janine streichelte ihrer Freundin über den Unterarm und prostete ihr zu: „Darauf müssen wir anstoßen.“

Die Sektgläser klangen in einem hellen Ton.

– Der Beginn einer neuen Zeitrechnung in Sabines Leben? Sie war sich einfach so unsicher und voller Fragen. Janines Ausgelassenheit tat jetzt richtig gut. Wie sehr hatte sie dieses Lachen doch vermisst!

Beim Trinken sahen sie sich in die Augen und mussten schmunzeln. Vor lauter Eifer hätte sich Janine beinahe verschluckt.

Sabine stellte ihr Glas auf den Tisch und dann die Gretchenfrage:

„Was meinst du: Soll ich's mit ihm wagen?“

„Ist das eine Frage?“

Janine war so lebenslustig! So sorglos und spontan. Und das, obwohl sie selber schon gehörig auf die Nase gefallen war. Vielleicht war sie etwas naiv, aber mindestens genauso mutig. Sie hatte nicht nur, sie machte auch Mut:

„Wenn dein Traum wahr zu werden beginnt – dann wirst du ihn doch wohl nicht aufhalten!"

Sabine lachte zurück, ließ den Blick in ihr Sektglas fallen und schwieg.

Vielleicht hatte Janine ja Recht.

Das Wiedersehen mit ihrer Freundin war ein Fest. Herzliche Umarmungen, nächtelanges Erzählen und unglaublich viel Gelächter. Es war einfach herrlich.

Sabine hatte sich eine Auszeit genommen. Nach weit über zwei Jahren war es außerdem höchste Zeit, zum ersten Mal nach Europa zu reisen. So würde sie Abstand gewinnen und vielleicht auch etwas Ruhe finden. Cliff hatte ihr gehörig den Kopf verdreht. Ein persönliches Gespräch mit Vater könnte da manches wieder gerade rücken. Das fürchtete sie allerdings mehr, als sie es suchte. Was lag also näher, als erst einmal einen Zwischenstop in Paris zu machen und Janine zu besuchen. Das war unverfänglicher und auf jeden Fall lustiger.

Höhepunkt der Gaudi war dieser Abend in einem Pariser Nachtlokal. Gelegenheit zum Tanzen und Flirten und die alten Partymanieren aus Florida wieder aufleben zu lassen. Es war ein recht kleines Etablissement mit privater, fast intimer Atmosphäre, in das Janine sie abschleppte.

„Noch einmal Sekt?", fragte die Kellnerin, die sehr aufmerksam war und sich ihr Trinkgeld redlich verdienen wollte.

„Thank you! Not for the moment ...", kam Sabine Janine zuvor. Da ein Fläschchen Sekt zehn Dollar kostete, zog sie die Notbremse. Sie antwortete in Englisch. Das lag ihr inzwischen leichter auf der Zunge als ihre Muttersprache.

„Okay", lehnte sich Janine zurück.

„Ob die Gäste hier so exklusiv sind wie die Preise?" Sabine nahm den Blick auf die Preistafel zum Anlass, mehr vom Quarterdeck Club zu erzählen.

Als sie von ihrer Begegnung mit Richard Nixon berichtete, lauschte Janine gespannt; sie hatte von ihm schon in der Zeitung gelesen.

Die Kellnerin servierte zwei Mineralwasser und flüsterte ihnen aufgeregt zu: „Nur falls es Sie interessiert: Der Schah ist eben gekommen."

Sie zog ihre linke Augenbraue nach oben und wies mit dem Kopf fast unmerklich nach links zu einem der Nebentische.

Sabine drehte sich so unauffällig wie möglich und sah einen schwarzhaarigen Mann in einem dunklen Anzug. Dieser bemerkte sofort, dass er gemustert wurde und lächelte freundlich herüber. Sabine wurde augenblicklich rot und wandte sich wieder um:

„Mist, ich glaube er hat's gemerkt ...", zischte sie Janine zu, die ihren Blick weiter über Sabines Schulter schweifen ließ.

„Du, der nickt uns zu!", stieß sie hervor.

Sabine wagte nicht, sich zu rühren.

„Ja, er nickt uns zu. Schon wieder. – Dreh dich noch mal um!"

„Nein ...", sagte Sabine, konnte aber der Versuchung nicht widerstehen.

Tatsächlich: Der adrette Orientale schaute immer noch herüber.

Die Freundinnen befiel jenes prickelnde Gefühl, das sie von den Partys in Florida kannten. Sie kicherten und tuschelten, als Janine plötzlich ein Alarmsignal setzte.

„Er kommt!"

„Was?"

„Er kommt tatsächlich herüber ...!"

Bevor Sabine recht verstand, was geschah, blickte sie in zwei dunkle Augen.

„Darf ich Sie um diesen Tanz bitten?" Der elegant gekleidete Tischnachbar hatte eine imposante Figur und sprach ein exzellentes Englisch.

Die Aufforderung war unwiderstehlich. Sabine folgte ihr – völlig verdutzt. Im Aufstehen warf sie Janine einen letzten

Blick zu. Diese schien bestens amüsiert und lachte hemmungslos.

Der Schah – oder wer immer der Charmeur auch war – war ein exzellenter Tänzer. Während sie sich im Takt wog, bewunderte Sabine die festen Gesichtszüge ihres Gegenübers. Er war ein wirklich gut aussehender Mann.

Ein Glas Sekt, ein paar flotte Rhythmen und ein äußerst interessanter Tanzpartner – wie leicht und beschwingt konnte das Leben doch sein! Warum sollte sie nicht genau so ihre nächsten Schritte gehen und einfach durchs Leben tanzen?

Nach dem Tanz lud er Sabine „und ihre freundliche Begleiterin“ an seinen Tisch. Die beiden nahmen die Einladung an. Während sie zum Nachbartisch gingen, griff Janine nach Sabines Hand und drückte sie fest. Was für ein aufregender Abend!

„Meine Damen, ich freue mich, Ihre Bekanntschaft machen zu dürfen“, sagte der Gastgeber galant. „Darf ich Ihnen etwas zu trinken bestellen?“

Unter diesen Umständen hatte Sabine nichts mehr gegen Sekt einzuwenden. Der Herr bestellte Champagner, und sie stießen an.

Die weiteren Stunden der Nacht verbrachten sie tanzend, lachend und trinkend. Über Smalltalk kam ihre Unterhaltung nicht hinaus. Viel erfuhren sie nicht über ihr Gegenüber. Genau genommen gar nichts. Sie plauderten über Belanglosigkeiten, aber sie hatten Spaß dabei.

Gegen vier Uhr morgens setzte die Kellnerin das Signal zum Kassieren. Sie müssten nun schließen, sagte sie höflich, aber bestimmt. Sabine und Janine lehnten sich, schon ziemlich müde von der turbulenten Nacht, zurück. Doch sie wollten einfach nicht glauben, was sie nun erleben sollten:

Ihr freundlicher und offensichtlich wohlhabender Tischgenosse bezahlte nur die Getränke seines Tisches, gab ein großzügiges Trinkgeld und ließ seine Brieftasche wieder in seinem Jackett verschwinden.

Die Kellnerin wandte sich nun ihnen zu und präsentierte ihnen die Rechnung ihres Tisches. Ungläubig warfen sich die beiden einen Blick zu, Sabine legte ihre Stirn Falten: Das konnte doch nicht sein Ernst sein. Ließ er sie tatsächlich ihre Getränke selbst bezahlen?

Ihre Ungläubigkeit wandelte sich in heftigen Ärger, als sie aus dem Portemonnaie in ihrer Handtasche zwei Scheine herauszog. – Konnte das denn sein: Der ganze Abend ein einziger Bluff?

Sie wandten sich zum Gehen, verließen die Bar, und der Perser bestellte ein Taxi.

„Wenigstens das", dachte Sabine, befürchtete aber, auch die Fahrt in Janines Wohnung noch selber bezahlen zu müssen. Eine unbegründete Befürchtung, wie sich herausstellen sollte. Im Gegenteil: Während der Fahrt lud sie ihr Begleiter erneut ein.

„Würden Sie mir die Freude machen und morgen früh", er stockte absichtlich, „ich meine, in ein paar Stunden, mit mir frühstücken. Ich würde Sie sehr gerne in mein Hotel einladen."

Ohne zu zögern oder mit Janine auch nur ein Wort zu wechseln, warf ihm Sabine ein schnödes „Nein danke!" zu.

Und wenn er der Kaiser von China war – er hatte es bei ihr verspielt. Sie stiegen aus dem Taxi und verabschiedeten sich betont kurz.

Eine Entscheidung, die sie am nächsten Morgen bereuen sollten. In genau dem Moment, in dem sie die Zeitung aufschlugen und darin sein Foto entdeckten. „Reza Pahlevi Schah in Paris" – was soll's. Sie ertrugen die verpasste Chance gelassen.

„Zur Prinzessin in 1001 Nacht bin ich eh nicht geboren", stellte Sabine nach einem kurzen, bleiernen Schlaf fest und lachte.

*

„Ist bei Ihnen auch alles in Ordnung?"

Die Frage der Stewardess riss Sabine aus ihren Gedanken.

„Ja, alles bestens. Vielen Dank!"

Nur noch wenige Stunden bis New York. Europa lag hinter ihr, Amerika vor ihr.

Sabine dachte daran, wie sie das letzte Mal diese Strecke zurückgelegt hatte. Unter welchen Umständen und mit welchen Gefühlen. Wie viel hatte sich doch seither verändert!

Nun ging ihr Weg nicht mehr ins Unbekannte. Sie reiste als Amerikanerin, und sie war dabei zurückzukehren. Das Schiff brachte sie nach Hause.

Nach langer Zeit hatte sie wieder europäischen Boden betreten. Ja, sie fand sie es aufregend, aber sie hatte nicht das Gefühl, nach Hause zu kommen. Im Gegenteil: Sie war zu Besuch hier. Ihr Zuhause war in Florida – ob auf den Pfählen in der Biscayne Bay vor der Küste Miamis oder vielleicht bald in einer Villa auf dem Festland, das konnte sie nicht sagen. Noch nicht. Aber sie würde sich bald entscheiden müssen.

Sie dachte zurück an die Gespräche mit Vater. Wie hatten sie sich gefreut, als sie aus dem Zug aus Paris gestiegen war! Vater hatte sie lange umarmt und fest gedrückt. Mutter hatte Tränen in den Augen und war ihr um den Hals gefallen. Arm in Arm hatten sie auf dem Bahnsteig gestanden, ein kleine Ewigkeit lang. Und auch Hans war begeistert, seine Schwester zu sehen. Aus ihm war nun ein richtiger junger Mann geworden.

Augen, Mund und Ohren standen ihnen offen, als sie erzählte. Wie gebannt hörten sie ihre Geschichten. Hans hatte sie mit tausend Fragen auf einmal gelöchert. Insgeheim war er stolz auf seine große Schwester. Wer hatte schon eine Schwester in Amerika? Sie freuten sich mit an ihrem Aufstieg von Jacob Jawitz zu den Leonhards, vom Hotel in den Club. Je länger Sabine aber die Villen in Miami beschrieb, je mehr sie von den Yachten schwärmte, je ausführlicher aber sie von den Gastgebern der Partys berichtete oder von den Gästen des Clubs, desto stiller wurde ihr Vater. Zurückhaltender, nachdenklicher.

„Leute mit Werten meiden diese Spielwiesen der Millionäre", entgegnete er trocken.

Und dann redete er. In seiner ruhigen und besonnen Art

ergriff er das Wort und rühmte die Schlichtheit des einfachen Lebens, Aufrichtigkeit und Ehrlichkeit.

„Das findest du nicht bei diesen aufgeblasenen Leuten", mahnte er eindringlich.

„Nicht bei diesen Reichen", fuhr er fort, „deren einziger Lebensinhalt darin bestehe, ihren Reichtum zur Schau zu stellen."

Er schien sich diese Worte nicht erst jetzt überlegt zu haben. Sie brannten ihm auf der Seele. Sabine spürte, dass er aus tiefstem Herzen redete und dabei sehr erregt war. Es war ihm noch nie leicht gefallen, seine Kinder zu tadeln oder ihnen etwas zu verbieten. Eltern, die ihre Kinder lieben, leiden mit, wenn die Kinder von ihnen gemahnt oder gar bestraft werden. Wer mehr liebt, leidet mehr.

Vater litt sehr. Seine Hände zitterten leicht, wenn er sie zu Gesten erhob, um seine Worte zu unterstreichen. Und seine Schmerzen nahmen zu, als Sabine von Cliff erzählte. Von seiner Art zu leben. Von seiner Sympathie für sie, auch von seinen ernsten Absichten, seinem Heiratsantrag; den Ring erwähnte sie aber nicht.

Immer wieder brach ihre Faszination hervor. Sie war begeistert von dem Ambiente des leichten Lebens.

„Es ist so fantastisch, Vater", schwelgte sie. Freilich wusste sie, dass ihn ihr Enthusiasmus auch nicht überzeugen konnte. Aber Argumente hatte sie nicht. Sie hatte einfach Lust – Lust, ihr Leben zu tanzen. So wie sie in Paris getanzt hatte. Ja, der Abend hatte damals mit einer Enttäuschung geendet, aber es hatte Spaß gemacht, verdammt viel Spaß. – Aber für diese Lust argumentieren? Das konnte sie nicht. Lust kann man einem andern nur machen. Oder man kann versuchen, ihn zur Lust zu verführen. Aber man kann niemanden überzeugen von der Lust. Wenn sie Vater mit ihrer Begeisterung überzeugen wollte, dann war es letztlich Ausdruck ihrer Hilflosigkeit. Er traf ins Schwarze ihrer Seele, als er ihr in die Augen sah und sie aufrüttelte: „Mensch, Mädchen, sei doch ehrlich zu dir selbst!"

Sabine lehnte über die Reling und schaute hinunter. Unter ihr die Wellen des Atlantik. Wie tief der Ozean hier wohl war? Das Meer hatte sie schon immer beeindruckt, seine unendliche Weite und unergründliche Tiefe.

Vaters Worte hatten Tiefgang. Seine Worte klangen in ihrem Herzen nach:

„Suche Menschen mit wahren Werten! – Und mach keine Kompromisse mit der Wahrheit!“

Auf dem Schiff wurde die baldige Ankunft angekündigt. Schon war die Silhouette New Yorks zu sehen. Dort würde Cliff auf sie warten.

*

Es war einfach umwerfend. Sabine konnte nicht glauben, was sie sah. Wie konnte man nur in einem solchen Luxus leben! Weihnachten 1952 stand vor der Tür. Sie war bei Familie Ball eingeladen.

Immer wieder war sie sprachlos. Mit offenem Mund stand sie in einer Tür, wenn sie ein neues Zimmer betrat. „Unglaublich!“

Wenn sie richtig gezählt hatte, dann gab es in der Villa und den Räumen für die Angestellten elf Badezimmer und Toiletten. In sechs davon hingen sogar Kronleuchter von der Decke. Es gab acht Schlafzimmer, einige davon mit den Ausmaßen einer Suite. Jedes Einzelne davon hätte mühelos die kleine Wohnung, die sie in Miami gemietet hatte, schlucken können. Daneben gab es eine Menge Speise- und Wohnzimmer, Salons und Aufenthaltsräume und – nicht zu vergessen – das hauseigene Schwimmbad. Die Bediensteten wohnten im hinteren Teil des Hauses für sich. Alles in allem: ein kleines Schloss, in dem man sich ohne weiteres verlaufen konnte. Allerdings nicht im Entferntesten so geschmackvoll eingerichtet, wie es herrschaftliche Häuser in Europa zu sein pflegten. Grelle und knallige Farben. Starke Kontraste. Manche Räume schienen zu schreien, als sie hineinkam. Das Haus trug die Handschrift von Cliffs Mutter.

Keine Frage: Sie war die Herrin des Hauses, die Chefin im Ring. Eine laute, fast schrille Person. Nervös und übertrieben freundlich zu Sabine. Stets hatte sie ein Lächeln übrig, besonders für bedeutende Personen. Mrs. Ball war darauf bedacht, ihren Ruf als die beste Gastgeberin der Region zu wahren. Ihr Leben bestand darin, Partys zu geben und Partys zu besuchen.

Sie trug immens teuren Schmuck, unter anderem eine herrliche Halskette mit unzähligen Brillanten. Sabine war völlig baff, als sie ihr gestand:

„Natürlich trage ich nur ein Duplikat, eine Sonderanfertigung. Das Original bleibt sicher im Safe verwahrt."

Wie paradox, dachte Sabine. Da haben die Superreichen nun wirklich Geld genug, um sich echten Schmuck zu leisten – und sie tragen trotzdem falsche Halsketten. Ein bisschen verrückt war sie ja schon, diese neue Welt, in die Cliff sie einführte.

Hier also war er aufgewachsen. Sabine fragte sich, ob er seine Eltern überhaupt richtig kannte. Mr. Ball war ständig an große Geschäfte gebunden und viel außer Haus.

Eigentlich bei der Ehefrau kein Wunder, dachte Sabine im Stillen, besann sich aber gleich wieder, bevor sie sich zu einer süffisanten Bemerkung hinreißen ließ. Sie nahm sich vor, Cliffs Eltern zu respektieren und zu achten. So wie sie ihre Eltern auch respektierte.

Jedenfalls hatte Cliffs Vater mit seinen Geschäften Erfolg. Großen Erfolg – so großen, dass sein Sohn keinen zu haben brauchte. Cliff hatte alles, er brauchte sich um nichts zu bemühen. Deshalb hatte er keine Ambitionen, irgendetwas zu erreichen. Keine Spur von Ehrgeiz. Keine Visionen.

Es ging ihm gut, und er konnte sich einfach treiben lassen. Um nichts brauchte er sich zu kümmern. Nicht verwunderlich, dass er kein sonderlich kreativer Mensch war. Und sollte doch etwas von Energie und Tatendrang in seiner Natur gelegen haben, dann hat ihm seine dominante Mutter den letzten Rest genommen. Unter ihren Fittichen konnte sich kein eigenständiger Wille entwickeln. Nur durch eine Revolution hätte er sie durchbrechen können. Doch dafür war er viel zu bequem. Er blieb ein Weichling, aber ein liebenswürdiger.

Freilich hätte Sabine ihn nie als Weichling bezeichnet, aber liebenswürdig fand sie ihn durchaus. Dazu freundlich, charmant und gutmütig.

„Ist er der Mann meines Lebens?", fragte sie sich.

Sie war gern mit ihm zusammen, genoss es, mit ihm und über ihn zu lachen, aber liebte sie ihn? Könnte sein Reichtum vielleicht die Lücke in ihrem Herzen füllen, die Leidenschaft nicht ausfüllte?

„Mach keine Kompromisse mit der Wahrheit!" Für einen Moment meldete sich Sabines Vater zu Wort. Vor wenigen Tagen hatte er ihr einen Brief geschrieben und darin seine mahnenden Worte wiederholt, die ihr noch von ihrem Deutschlandbesuch in den Ohren klangen.

Dann säuselte eine andere Stimme: „Tanze, Sabine! Tanze! Denk nicht so viel nach. Take it easy."

War ein Heiratsantrag etwas anderes als eine Aufforderung zum Tanz? Auf die Musik kam es doch an, auf den guten Rhythmus, dann konnte man federleicht dahinschweben.

Sie verbrachte herrliche Tage mit Cliff. Nach und nach wuchs sie in die Familie hinein. Die Gespräche waren so oberflächlich und seicht wie das Wasser der Biscayne Bay.

„Zauberhaft! Du siehst wieder einmal glänzend aus." Sabine gewöhnte sich an die Komplimente von der Stange.

„Das Essen ist einfach wundervoll", konterte sie und mischte mit im alltäglichen Wettkampf der Freundlichkeiten. Wer die originellsten Floskeln parat hatte, gewann. Wer hingegen ein auch nur halbwegs ernstes Thema berührte, hatte verloren und wurde mit missbilligenden Blicken bestraft. – Nachdenklichkeit ist der Feind der Zerstreuung.

Sabine lernte schnell, sich im flachen Wasser zu bewegen. Heiter ging es zu. Und ganz bestimmt war ihr Lächeln das hinreißendste von allen. Wenn sie gemeinsam mit den Eltern ausgingen, etablierte Mrs. Ball ein Ritual: Jedes Mal legte sie

Sabine einen Nerz um den Hals. So passte sie zu der jeweiligen Gesellschaft, in der sie sich aufhielten. Sabine ließ sich in die verschiedensten Clubs und Restaurants chauffieren. Während sie ausstieg und ihr der Chauffeur die Tür aufhielt, fühlte sie sich großartig. Nun war sie wirklich eine wichtige Persönlichkeit. Selbst mit ihren billigen Kleidern, die sie im Sonderangebot erstanden hatte, wurde sie auch in den besten Kreisen als ausländische Schönheit angehimmelt. An ihrer Seite nahm Cliff die bewundernden Blicke mit stolz geschwellter Brust zur Kenntnis.

Was sollte an diesem Leben nicht in Ordnung sein? War es schlecht, nur weil es schön war? –

„Tanze dein Leben, Sabine! Tanz!“

*

Die Band vom „La Gorce“-Country Club spielte zum Tanz auf. Es war keine große Hochzeit. Vielleicht fünfzig Gäste. Ein kleiner, intimer Kreis. Verwandte, Freunde, ein paar bedeutende Geschäftsfreunde der Balls. Außer der Braut aber niemand aus Deutschland. Nicht einmal ihre Eltern, ihr Bruder, ihre engsten Freundinnen, Monique oder Janine. Niemand.

Auf der Feier schien sie auch niemand zu vermissen. Ein sechsgängiges Diner und sehr teurer Champagner („der teuerste, den es in ganz Amerika gibt“, betonte Mutter Ball) ließen Gedanken an die Familie der Braut gar nicht erst aufkommen. Nur Sabine nahmen sie gefangen. Doch die Tränen in ihren Augen führten alle auf ihre Sentimentalität zurück. „Seht nur, wie gerührt sie ist!“

Die Eltern hatten sich die teure Überfahrt einfach nicht leisten können. Ohnehin wären sie aus einer gänzlich anderen Welt gekommen. Sicher hätten sie inmitten des Ball'schen Glimmers wie Außerirdische gewirkt. Aber Geld wäre ja nun wirklich nicht das Problem gewesen. Ohne Frage hätte Cliff die Reise und alle sonstigen Kosten aus der Portokasse bezahlen

Hochzeit 1953

können. – Doch Sabine hatte sich nicht getraut. Sie hatte es einfach nicht gewagt, Cliff darauf anzusprechen.

„Irgendwann würde er danach fragen", hatte sie in den Wochen vor der Hochzeit gehofft. Irgendwann während der Hochzeitsvorbereitungen musste doch irgend jemand von den Balls an Sabines Familie denken – aber es dachte niemand an sie.

Während des Festes fasste sich Sabine schließlich ein Herz und rief zu Hause an.

„Es ist der schönste Tag meines Lebens", hauchte sie ins Telefon.

Trotz der riesigen Distanz blieb den Eltern nicht verborgen, dass sie weinte.

„Wir denken den ganzen Tag an dich."

Am andern Ende der Leitung hörte sie Mutter schlucken. „Alles, alles Gute!"

Das transatlantische Telefonkabel verband sie für Momente in ihrem Schmerz. Aber der kurze Anflug von Heimweh war schnell verdrängt. Vom teuren Sekt schon etwas beschwipst, genoss Sabine das Fest, *ihr* großes Fest – so wie sie bislang alle Feste in Amerika genossen hatte. Aus Sabine Koritke war nun Sabine Ball geworden. Jetzt war sie ganz oben. Angekommen am Ziel ihrer Träume.

Auch die Hochzeitsreise war ein Traum: Eine Reise nach Europa auf der „Queen Elizabeth". Sabine liebte es, mit dem Schiff zu reisen. Nun reiste sie auf *dem* Schiff schlechthin, einem Luxusliner, der zur Legende werden sollte. Legenden der Leidenschaft sollte sie aber auf dieser Reise nicht erleben. Zum einen war ihre Liebe zu Cliff nicht von Leidenschaft bestimmt, zum andern hatten sie auf ihrer Hochzeitsreise Gesellschaft, was einem Aufwallen leidenschaftlicher Gefühle nicht gerade förderlich war: Cliffs Eltern ließen es sich nicht nehmen, sie um die halbe Welt zu begleiten. Sabine hatte einfach nicht darauf bestehen können, dass sie allein reisten. Außerdem war sie nun eine Ehefrau, bereit, ihrem Mann zu dienen. Aufzubegehren gegen ihn oder seine Familie, die ja nun auch ihre Familie war – undenkbar.

Paris, Barcelona, Rom, Venedig, Düsseldorf – so hießen die Stationen ihrer Rundreise. Ihr Chauffeur hielt nur vor den besten Hotels, schließlich aber auch vor jenem Haus in Düsseldorf, in dem die Koritkes inzwischen wohnten. Das erste Treffen verlief, entgegen allen Befürchtungen Sabines, reibungslos. Als die Balls sich verabschiedeten, sprachen sie eine Gegenein-

„Mr. und Mrs. Clifford Ball" mit der „Queen Elizabeth" auf Hochzeitsreise

ladung aus. Wenn auch nicht zur Hochzeit, so sollten die Eltern ihrer Schwiegertochter doch später das neue Zuhause des jungen Paares zu Gesicht bekommen. Außerdem mussten sie einfach eine Gelegenheit bekommen, um den Reichtum der Balls zu bestaunen.

„Wir freuen uns sehr, wenn ihr uns besuchen kommt."

Herzliche Worte, die kaum mehr als Floskeln waren:

„Oh, wir können es gar nicht erwarten!"

Sabine wusste, dass ihr Vater ihre neue Schwiegermutter vom ersten Augenblick an durchschaut hatte. Dennoch nahmen sie – Monate später – die Einladung an. Mutter Koritke sollte dann von demselben Schicksal ereilt werden, das Sabine bereits zuvor widerfahren war: Als sie das erste Mal mit den Balls zusammen ausgingen, hängte ihr die Hausherrin kurzerhand einen Nerz um den Hals.

*

„Zum Wohl, Sabine!"

Wenn die Cocktailgläser nur leicht gefüllt aneinander stießen, gab es einen herrlichen Klang.

„Zum Wohl! Schön, dass ihr da seid."

Die fünfköpfige Runde nippte an ihren Gläsern.

„So, und jetzt musst du uns alles von eurer grandiosen Reise erzählen." Sabines neue Nachbarinnen waren nicht nur schrecklich reich, sondern auch schrecklich neugierig.

„Oh ja!", fiel ein ganzer Chor kreischend ein.

„Wie fandest du Paris und Rom?"

„Und Venedig! Ach, das ist ja alles so aufregend!"

Jeden Tag um fünf waren die Nachbarn zum Cocktail geladen. Die Damen waren um diese Zeit schon vom Einkauf zurück, brauchten sich für die abendlichen Unternehmungen aber noch nicht zu richten. – Je älter sie allerdings waren, desto länger brauchten sie, um sich zu richten; entsprechend früher verließen sie die Cocktail-Treffen. – Soweit es ihre Geschäfte zuließen, gesellten sich auch die jeweiligen Ehemänner dazu, einige Rechtsanwälte und Politiker.

„Wo ist eigentlich Cliff heute?"

Sabine konnte es nicht genau sagen.

„Unterwegs, unser Vermögen zu vermehren", alberte sie zurück. Und obwohl sie nicht wirklich einen Witz gemacht hatte, fanden es alle furchtbar komisch.

Cliff war viel außer Haus, auch wenn er eigentlich keinen Beruf hatte. Sicherlich, er hatte die Militärschule und das College besucht. Er war durchaus gebildet und konnte mitreden, wenn es um Politik und Wirtschaft ging; aber sein Leben lang hatte er nie richtig gearbeitet. Er verwaltete das Vermögen, in das hinein er geboren worden war, und kümmerte sich um Häuser und irgendwelche Geldgeschäfte.

Nach und nach begann Sabines Eheleben seinen Rhythmus zu finden. Normal wurde das, was eben nicht der Norm entsprach, zumindest nicht der Norm normaler Menschen. Das Leben war ein einziges Fest. Nicht nur, dass es hin und wieder eine Party gab. Nein, fast jeden Tag wurde mit Hochprozentigem angestoßen, um jemanden oder etwas zu feiern.

Wenn sie abends nicht ausgingen – mal hierhin, mal dorthin –, sahen sie fern. Morgens blieb Sabine oft lange im Bett liegen und schlief aus. Manchmal räkelte sie sich in ihre Decke und flüsterte: „Jeder Tag ein Sonntag. Was für ein Leben!" Wenn Cliff nicht schon aufgestanden war, küsste sie ihn und schlief in seinem Arm wieder ein.

Hier fühlte sie sich sicher. Cliff meinte es gut mit ihr. Bei ihm war sie geborgen. Um nichts brauchte sie sich zu sorgen, schon gar nicht ums Geld. Gleich am ersten Arbeitstag nach ihrer Hochzeit hatte er gesagt:

„Hier ist das Scheckbuch, Dear. So füllst du es aus ...", hatte er die verschiedenen Zeilen und Spalten des Vordrucks erklärt.

„Und das ist deine Karte", hatte er hinzugefügt.

Mit ihrer Kreditkarte ging sie einkaufen. Bei allem achtete sie auf Qualität. Das hatte sie bei ihrer Mutter gelernt. Ramsch kaufte sie nicht, auch dann nicht, wenn er teuer war. Sie hatte zu viel teuren Ramsch bei ihrer Schwiegermutter in Philadelphia gesehen – „sehr teures" Zeug, aber trotzdem Ramsch.

Sie wusste nicht, wie viel Geld sie hatten. Aber sie war sicher: Es geht uns gut.

Cliff und Sabine hatten keinen Chauffeur wie die alten Balls. Dafür aber immer mindestens zwei Autos. Cliff fuhr seinen schnittigen Cadillac. Selbstverständlich hatte er immer das neueste Modell, meist bevor es überhaupt offiziell auf den Markt kam. Alle zwei Jahre sollte sich aber auch Sabine ein neues Auto bestellen; nur die Farbe brauchte sie sich auszusuchen, dann erledigte Cliff den Rest. Jedes Mal entschied sie sich für ein Oldsmobil, ein Cabriolet; das ließ ihr Herz höher schlagen. Der Cadillac gefiel ihr zwar für Cliff – und er gefiel ihr in ihm – aber für sie selbst war „der große Schlitten einfach zu protzig", fand sie.

Die erste größere Abwechslung in ihrem neuen Leben als Mrs. Ball sollte ihr eine Reise bringen. Zum ersten Mal flog sie nach Europa. Allein. Sie wollte ihre Eltern sehen und außerdem Monique besuchen. Mit ihr würde sie sich ohnehin ausgelassener unterhalten können, wenn Cliff nicht dabei war. – Bei ihrer Abreise ahnte sie freilich noch nicht, was für einen denkwürdigen Abend sie in Frankfurt erleben würde. Einen Abend, der ihr Leben verändern sollte.

*

Die Fahrstuhltür schloss sich. Ein Finger hatte auf den Knopf mit einer großen Drei gedrückt. Vier Augen schauten auf die Anzeige. Dort leuchtete ein großes E, E wie Erdgeschoss. Die beiden Damen waren bestens gekleidet. Im großen Spiegel des Fahrstuhls prüften sie noch einmal ihr Aussehen und waren zufrieden. Der Raum war im Nu mit dem Duft ihrer Parfums erfüllt. Sabine hatte im Gegensatz zu Monique eine etwas herbere Note aufgelegt, einen fast männlichen Duft, attraktiv und herausfordernd. Das Penthaus im dritten Stock war das Ziel ihres Abends.

Ein kleiner Ruck und der Lift glitt sanft nach oben. Es war noch nicht lange her, da war man in Deutschland über Trümmer gestiegen. Jetzt fuhr man Fahrstuhl mit Leuchtanzeige – zumindest wenn man das Glück hatte, dem kleinen Teil der

Gesellschaft anzugehören, der bereits wieder ein exklusives und elegantes Leben führte. Arm in Arm standen sie im Fahrstuhl, sie waren auf dem Weg nach oben. Das war nun die Richtung von Sabines Leben; und gerade fuhr sie einem aufregenden Abend entgegen.

Ein leises Klingeln gab das Signal; das dritte Stockwerk war erreicht. Ein Diener öffnete den Fahrstuhl und führte die beiden in einen großen Wohnraum, in dem sich bereits einige Gäste vergnügt unterhielten. Es herrschte eine angenehme Atmosphäre. Das dritte Stockwerk schien zu halten, was sich Sabine von ihm versprochen hatte. Die Gäste waren festlich gekleidet, elegant, aber nicht extravagant. Die Herren trugen zumeist schwarze, jedenfalls aber dunkle Anzüge; die Damen führten das kleine Schwarze aus. Künstler, Intellektuelle, Geschäftsleute. Sabine und Monique betraten den lichtdurchfluteten Raum und waren mit wenigen Schritten Teil dieser Gesellschaft geworden.

War dies alles nur Maskerade, oder war es Wirklichkeit?

„Natürlich ist es wirklich", sagte sich Sabine.

Und natürlich hatte sie Recht damit. Schließlich hatte sie die Einladung des Herrn von Stein selbst in der Hand gehabt. Schließlich hatte sie ihre beste Freundin hierher mitgenommen. Und schließlich war das Zwicken ihres Kleides nur allzu wirklich, als dass es sich hier um bloße Fantasie hätte handeln können. Dennoch: Ein leiser Zweifel blieb. Die Szenerie hatte etwas Künstliches. Doch niemand schien darüber nachzudenken – und Sabine wollte es auch nicht.

Es war der fünfzigste Geburtstag des Herrn von Stein, eines bekannten Frankfurter Architekten und renommierten Sammlers moderner Kunst. Er freute sich, den Spitzen der Frankfurter Gesellschaft seine prachtvolle Bildersammlung vorführen zu können. Auf seine „Galerie" war er ein wenig stolz, hatte er doch schon früh angefangen zu sammeln, als die Bilder bedeutender Künstler noch zu entdecken und zu bezahlen gewesen waren. Die beiden Damen wurden herzlich begrüßt und den Gästen vorgestellt. Monique genoss es, mit ihrer schönen

Freundin aufzutreten, und die Blicke ruhten entzückt und wohlwollend auf dem Gast aus Amerika.

Es war eine gepflegte Gesellschaft.

„Alles ist so kultiviert", flüsterte Sabine, worauf ein Schmunzeln über Moniques Gesicht huschte.

Jedenfalls war es kein Vergleich zu den protzigen Partys, die Sabine aus Miami kannte. Reichtum wurde hier nicht zur Schau getragen, er war allenfalls vorausgesetzt. Anders als in Florida brauchte man hier nicht zu zeigen, was man hatte. Sie blickte heimlich auf den Ring, den ihr Cliff an den Finger gesteckt hatte – vielleicht ein bisschen zu üppig, aber was soll's: Sie konnte wenigstens mithalten. Mehr als das: Sie hatte es geschafft. Nun war sie oben angekommen bei den Reichsten. Etwas betroffen schoss ihr ein Gedanke durch den Kopf: „Oder denke ich jetzt schon wie meine Schwiegermutter?"

Ein Anwalt mit grauen Schläfen erzählte etwas über Picasso, von dessen Gemälden einige an den Wänden hingen. Der Raum schien vor guter Laune zu bersten. Und er wäre es bestimmt, hätte da nicht am andern Ende ein Fenster offen gestanden, durch das der Überdruck an Festatmosphäre entweichen konnte. Unter die Wolke von Zigarrenrauch, Rasierwasser und Parfum mischte sich etwas Abendluft. Sabine betrachtete den Picasso. Ein leiser Schauer lief ihr über den Rücken. Das Bild war kalt. So kalt wie der Sekt in ihrem Glas, das beschlagen war und immer wieder durch ihre feuchten Finger zu rutschen drohte. Die Farben waren kräftig, aber eben kalt. Das Blau im Hintergrund sowieso. Aber auch das Rot des spärlichen Kleides war kühl. Die kräftigen Pinselstriche waren gerade und trafen sich in Ecken und Zacken. Nein, sie mochte Picasso nicht. Schon gar nicht seine Akte. Wenngleich sie ein Stück weit das offenbarten, was unter der schönen Garderobe verborgen wurde. Krasse Kunst, die Masken vom Leib riss und zu Boden warf. Gemalte Enttäuschung. Aber gerade das mochte sie nicht. Sie wollte die Maskerade genießen, die so schön sein konnte – so schön und unaufdringlich wie auf dem Fest des Herrn von Stein.

Ein scharfer Geruch stieg ihr in die Nase. Sie entzog sich geschickt der weiteren Führung und stieß auf einen Aschenbecher, der ganz im Stil der frühen Fünfziger gehalten war. An sich schon ein Kunstwerk. Andere Leute warfen ihre Kippen auf die Straße – hier lagen die halb gerauchten Zigaretten im Designascher. Stilvoll wie die ganze Galerie. „Asche zu Asche", dachte Sabine und beäugte die Lippenstiftspuren an den Filtern. Von rosa bis dunkelrot war alles dabei. An sich warme Farben, aber sie mochte kalten Rauch nicht. Sie wich zurück. Weg von dem kalten Rauch. Weg von kalten Bildern.

Das warme Licht zog sie an, das die Abendsonne zum offenen Fenster hereinstrahlte. Sabine wagte den Schritt aus der Gesellschaft heraus. Sie ging zum Fenster. Etwas abseits war sie dort allein – und atmete zum ersten Mal an diesem Abend tief durch.

Aber was für ein Kunstwerk bekam sie da zu sehen! Schon vorher waren ihr das frische Grün und die weißen Blüten aufgefallen. Aber jetzt erst gingen ihr die Augen auf: Ein mächtiger Kastanienbaum stand in dem Innenhof vor dem Fenster. Wie majestätisch stand er da! Und wie schön! Der Stamm strotzte nur so vor Stärke. Wuchtige Äste trugen zierliche Zweige, um die Blätter und Blüten im Abendwind tanzten. Wie viele Jahre hatte dieser Baum wohl schon überstanden? Und wie viele Tage würden die Blüten so zu sehen sein? Er war beständig und vergänglich zugleich, beides war in ihm auf einzigartige Weise verbunden. Wie grob und rau waren die Furchen der Rinde, aber wie fein und zart dagegen die Blütenstauden. Hauchdünne rote Fäden durchwoben die weißen Kelche. Ob nun jedes Detail für sich betrachtet oder den Baum als ganzen – Sabines Augen konnten sich nicht satt sehen. Wer dieses Kunstwerk komponiert hatte, musste der wahre Künstler sein!

Ihre Blicke wanderten dem Stamm entlang nach unten. Stockwerk für Stockwerk glitten sie abwärts. Unten angekommen, wo die Wurzeln des Kunstwerkes im Erdboden verschwanden, entdeckte sie plötzlich eine Frau. Die ganze

Zeit, die sie am Fenster gestanden hatte, hatte sie sie nicht bemerkt. Die Frau machte keine Anstalten, sich zu verstecken. Im Gegenteil, sie bewegte sich rege hin und her und hängte Wäschestücke an einer Leine auf. Zwischen dem Baum und der Hauswand gegenüber waren Seile gespannt. Jedes Mal, wenn sie in ihre Schürze griff, um eine neue Wäscheklammer herauszuziehen, raschelte es. Aber Sabine hatte sie nicht gesehen, nicht gehört. Diese Frau da unten im Erdgeschoss, diese Frau im Freien, das war eine Frau in einer anderen Welt. Kaum ein Gegensatz konnte größer sein als der zwischen Wäscheschürze und Abendkleid, zwischen Schweiß und Parfum, zwischen Arbeit und ... ja und was?

„... und Leben“, dachte Sabine.

Das da unten, das war doch kein Leben. Allenfalls der klägliche Kampf ums Existieren. Aber das volle Leben, das musste hier oben zu finden sein. Hier, bei Sekt und Kaviar. Hier, bei guter Laune und Hintergrundmusik. Hier, bei Picasso ... nein, bei Picasso nicht. Picasso mochte sie nicht. Aber ... Sabine war unsicher. Und sie wusste es. Freilich, ohne es sich einzugestehen.

„Was“, so schoss es ihr in den Sinn, „was, wenn ich die Erfüllung meines Lebens als Waschfrau finden sollte?“

Sie zuckte zusammen. Wie konnte sie so etwas überhaupt nur denken?! Der bare Unsinn. Nein, nie, nie würde sie so existieren wollen. Sie wollte leben. Ganz oben wollte sie sein – und bleiben. Also, was sollten diese Fragen?

„Nein!“, sagte sie sich. „Ein für alle Mal: Nein!“

Aber eine innere Stimme flüsterte: „Ja.“

Leise, unaufdringlich, aber unüberhörbar. Sabines Augen konnten sich nicht mehr von der Waschfrau lösen.

„Doch! Wenn ich das volle Leben als Waschfrau finde, dann will ich als Waschfrau leben.“

Wie lange sie so am Fenster gestanden, das warme Abendlicht genossen, die frische Luft in sich aufgesogen hatte, wusste sie nicht mehr, als Monique sie sanft an der Schulter berührte.

Sabine blickte zurück in die Galerie. Und dann führte sie Monique in das Geheimnis von Kastanienbaum und Waschfrau ein und berichtete von, ja wovon eigentlich? Von ihren Entschluss, nein, von ihrem Gelübde, wenn es darauf ankäme, Waschfrau zu werden. Ja, es war ein Gelübde, das sie an diesem Abend abgelegt hatte – wenngleich sie noch nicht wusste, vor wem.

Wie immer, wenn es um Persönliches ging, hatte Monique Verständnis für Sabine. So auch dieses Mal. Sie war eine wirkliche Freundin. Und sie bestätigte Sabines Entscheidung:

„Wenn du die Erfüllung deines Lebens als Waschfrau findest, dann musst du auch Waschfrau werden."

Wenn! Aber wie unwirklich war dieses Wenn?

Als sie zurückkehrten zu der Gesellschaft, sprachen sie freilich nicht von Kastanienbäumen und Waschfrauen. Politik, Geschäfte, natürlich die Kunst und überhaupt viel Heiteres bestimmten die Gespräche. Gemeinsam gingen sie hinaus auf die Dachterrasse zum Diner.

*

„In wenigen Minuten erreichen wir New York. Das Wetter ist gut ..." Die Durchsage im Flugzeug riss sie aus ihren Gedanken. Würde sie wirklich Waschfrau werden? Mit etwas Abstand war sie froh, dass sich diese Frage jetzt nicht stellte. Ob sie sich jemals stellen würde? Irgendwo, tief in ihrem Herzen ahnte sie es.

„Was glauben Sie meine Herrschaften: Warum tragen die meisten Schiffe dieser Erde weibliche Namen?"

Ein Herr zog die Aufmerksamkeit der Umstehenden auf sich.

„Nun, das ist ganz einfach: Weil Schiffe und Frauen drei Dinge gemeinsam haben."

Sabine stand am Kai und wartete darauf, dass die Zeremonie endlich begann. Gemeinsam mit Cliff war sie zu einer Schiffstaufe eingeladen worden, und sie hatte die Ehre, das Schiff zu taufen.

„Na, auf die drei Dinge bin ich ja mal gespannt", hörte sie einen der Männer sagen, die an den Lippen des Witzerzählers hingen. Sabine kannte ihn. Er war einer der Reporter vom „Miami Herald", die ihr immer wieder, bewaffnet mit gewaltigen Fotoapparaten, auflauerten. Ihre Schönheit und ihre Ausstrahlung schienen die Fotografen magisch anzuziehen. Eigentlich kein Wunder, dass sie schnell zu einer bekanntesten Persönlichkeiten der High Society aufgestiegen war. Schon ihre Hochzeit war mit großen Lettern in den Klatschspalten angekündigt worden. Die halbe Küste kannte inzwischen ihre Fotos. Sabine Ball – nun war sie eine der bekanntesten Frauen Miamis.

„Aber das liegt doch auf der Hand", setzte der Plauderer zum Endspurt an. Sabine spitzte die Ohren. Nun war sie doch auch neugierig geworden auf das, was Schiffe und Frauen gemeinsam haben sollten.

„Erstens sind beide meistens von Männern umgeben." Sabine schmunzelte verwegen: Da hatte er wohl nicht ganz Unrecht. Für einen Moment dachte sie an Tante Mary.

„Zweitens brauchen beide, je älter sie werden, desto mehr Farbe zum Anstreichen." Schallendes Gelächter am Kai.

„Und drittens: Dreht man das Ruder nach rechts, dann fahren sie beide nach links." Tosender Beifall, der aber gleich vom durchdringenden Schlag einer Glocke unterbrochen wurde. Der Moderator eröffnete die Veranstaltung. Nach mehreren Grußworten durfte Sabine schließlich die Sektflasche gegen den Schiffsrumpf schwingen und sich allgemeiner Bewunderung gewiss sein.

Nein, langweilig war sie nicht, ihre Ehe. Zumal ihr Schwiegervater nach seiner Pension zusammen mit einem Partner in Key Biscayne das „Seaquarium" hatte bauen lassen. Ein großes Aquarium, das sich zu einem wahren Besuchermagneten entwickelte. Cliff hatte dort viel zu tun, und auch Sabine konnte sich bei einigen besonderen Veranstaltungen und Reisen bestens unterhalten.

Sabine 1954

„Langweilig!"

Sabine hätte es sich wirklich nicht träumen lassen, dass sie ihre Ehe einmal – freilich erst Jahrzehnte später – doch auf dieses eine Wort würde reduzieren können. Obwohl ihr Leben unterhaltsam, zeitweise turbulent und stürmisch war. Wie würde sie nur zu einem so vernichtenden Urteil kommen können?

Aber zweifellos – und das würde sie auch später immer wieder betonen – gab es in dem knappen Jahrzehnt ihres Ehelebens zumindest zwei Höhepunkte. Sie hießen Cliff und Fred.

Clifford Howard wurde am zweiten November 1954 geboren, Frederick Walter am 15. Dezember 1957.

Gleich nach ihrer Hochzeit war das ihr größter Wunsch: Sie wollte schwanger werden. Fünf Jungen wollte sie auf die Welt bringen, dafür aber keine Mädchen. Mit achtundzwanzig Jahren war sie für dieses Vorhaben nicht mehr die jüngste. Dass es letztlich doch nur zwei Söhne wurden, sollte sie später nicht bedauern.

Das erste Kind kam ohne Haare zur Welt. Cliff war ein braves und ganz einfach zu versorgendes Baby. Stundenlang konnte er schlafen. Der blonde Wonneproppen hatte mehr Charakterzüge vom Vater als von der Mutter. Er war ruhig, bedächtig und zufrieden. Zumindest empfand es Sabine immer so. Als hätte sie es geahnt, gab sie ihm den Namen seines Vaters. Sie wollte einen Sohn haben, der genauso war wie ihr Ehemann.

Fred dagegen war ein schwieriges Kind, schon als Baby ein Schreihals. Er wuchs zu einem drolligen Lockenkopf heran; mit seiner Erziehung tat sich seine Mutter aber viel schwerer als mit der seines Bruders. Immer aktiv, spontan, unberechenbar und manchmal etwas aufmüpfig – vielleicht war er seiner Mutter zu ähnlich. Ihr Verhältnis blieb jedenfalls ziemlich gespannt, über Jahre hinweg.

Eine Kinderschwester versorgte die Kinder fast von ihrem ersten Atemzug an. Sie wickelte die Babys, gab ihnen die Flasche und kümmerte sich um alles. Nachts musste Sabine nie aufstehen. Keines von beiden hatte sie je gestillt, was sie später bereute. Ihr Leben hatte sich durch die Kinder kaum verändert. Sie konnte weiter nach Herzenslust einkaufen gehen, um sich anschließend in Cocktail-Runden zu vergnügen. – Doch dieses Vergnügen wurde ihr immer fragwürdiger. Leise Zweifel stiegen in ihr auf, nur ganz leise Zweifel. Leise, wirklich nur ganz leise, aber deutlich vernehmbar fragten sie: „Sabine, bist du glücklich?"

Die erste Ahnung einer furchtbaren Einsicht.

*

Eine Krankheit breitet sich manchmal schleichend aus. Wenn sie ausbricht, geschieht es unerwartet und plötzlich. Die infizierte Person wird genauso überrascht wie ihre Bekannten und Freunde. Sie schrecken auf aus dem Schlaf der Sorglosigkeit. Der Tag des Erwachens ist grausam ...

Mit einem Mal war es still im Zimmer. Erst jetzt merkte sie, wie laut sie geschluchzt hatte. Langsam stand sie auf, ganz langsam. Sie kniete auf dem Boden und sah ihre Tränen auf dem Teppich, ein Fleck, fast so groß wie ihre Handfläche.

„Wie lange habe ich hier gelegen? Wie lange geweint?"

Sie stützte sich auf die Lehne des Sessels, stand auf und ging zum Plattenspieler. – Haydn. Immer wieder Haydn.

„Wie oft habe ich es jetzt heute Abend schon gehört?"

Sabine fühlte sich leer. Leer geweint und leer geliebt. Nichts war mehr da: Keine Tränen, keine Liebe, kein Gefühl, nicht einmal Hass. – Sie setzte die Nadel wieder auf die Platte.

Durch die offene Terrassentür drang frische Abendluft ins Wohnzimmer. Sabine fühlte die sanfte Brise. Ihre Augen waren rot und geschwollen. Der Duft von frisch gemähtem Gras zog sie zur Tür, hinaus auf den Rasen. Sie ging barfüßig.

„Heute muss Dienstag sein."

Sie versuchte sich in die Wirklichkeit zurückzuholen: „Der Gärtner war da."

Kleine Grasbüschel verfingen sich zwischen ihren Zehen und malten mit jedem Schritt ein bisschen von dem hellen Grün auf die Haut ihrer Füße. Sie ging hinab zur Anlegestelle für die kleinen Boote, mit denen man durch die Biscayne Bay fast bis zu ihrem Garten fahren konnte. Die Palmen standen wie Wachen an beiden Seiten des Weges. Bei jeder Brise raschelten die Wedel über ihr. Die melancholischen Klänge von Haydn – allmählich gingen sie im Rauschen der Wellen unter. Sie sah in die Ferne. Der Horizont war in ein kräftiges Orange getaucht. Die ersten Sterne funkelten am Abendhimmel. Nach und nach lichtete sich der Nebel in ihrem Kopf.

„Mach keine Kompromisse mit der Wahrheit", las sie. Immer wieder dieselben Worte. Heute Abend hatte sie es zum ersten Mal gewagt: Zum ersten Mal nach zehn Jahren hatte sie den Brief ihres Vaters aus seinem Verlies gelassen und ihn aus der Schublade ihres Kleiderschrankes genommen, den Brief, den er ihr wenige Monate vor ihrer Hochzeit geschrieben hatte. Sie stand am Kai, stützte sich auf das Geländer am Bootshaus und schloss die Augen.

Obwohl der Brief ausgebreitet auf dem Wohnzimmerteppich lag, direkt neben den Lautsprechern – vor ihrem inneren Auge konnte sie jedes Wort lesen.

„Sei ehrlich zu dir selbst!" Wie eindringlich hatte er sie vor dem oberflächlichen Leben der Reichen gewarnt! Aber wie gut hatte sie diese Zeilen versteckt. Wie weit weg hatte sie seine Warnungen verbannt. Und doch waren sie ihrem Gewissen ganz nah.

Jetzt, nach zehn Jahren, wurde sie ehrlich. Endlich ehrlich.

„Vater, du hattest Recht. Du hattest ja so Recht", schluchzte sie und schlug mit der Faust auf das Geländer. Ihre Tränen kehrten zurück und mit ihnen eine tiefe Reue.

Heute hatte die Ehrlichkeit ihren Preis gefordert. Cliff hatte mit gepackten Koffern das Haus verlassen. Solange sie noch hier wohnte, würde er nicht wiederkommen.

Wie hatte es nur so weit kommen können? Wie hatte sie mit

einem so gutmütigen Menschen wie Cliff nicht mehr auskommen können?

Waren sie nicht doch auch glücklich gewesen? Vielleicht hatte sich Sabine nie richtig in ihn verliebt. Aber auf jeden Fall war er ein Freund gewesen, ein guter Freund. Und wie hatte sie sich immer gefreut, wenn er sie von unterwegs angerufen hatte. Er hatte sie wirklich gemocht. Und das zu spüren, dass sie ihn glücklich machte, das hatte auch sie glücklich gemacht.

Außerdem war er doch ein so zufriedener Mensch. Keine Ansprüche. Nicht ehrgeizig. Nie hatte er sie unter Druck gesetzt. Wer Ansprüche hatte, das war sie. Sie wollte nach oben, immer weiter nach oben. Aber Cliff wollte bleiben, wo er schon immer war. Er hatte keine Ziele, keine Visionen. An seine Seite gestellt war sie zum Stillstand verbannt.

„Ich wollte für dich da sein", flüsterte sie. „Nur für dich da sein."

Groß rauskommen, das hatte sie nie wollen. Nie wollte sie ein Star sein. Aber sie suchte Erfüllung. Und trotz des äußeren Wohlstandes fühlte sie eine innere Leere.

Doch Cliff schien nichts zu vermissen. Keine Spur von einer inneren Dynamik, die ihn angetrieben hätte. Zwar ruhte er ganz oben, aber er ruhte. Er hatte schon immer genug, und sie wollte schon immer mehr. Aber gab es das: Mehr vom Leben? Immer noch mehr? Sogar mehr als Millionen?

Jedenfalls war alles, was sie bisher erreicht hatte, zu wenig. Sie konnte einfach nicht nur in den Tag hineinleben, von Party zu Party. Von Wohltätigkeitsfest zu Opernball. Von einer gesellschaftlichen „Verpflichtung" zur nächsten. Und vor allem nicht von Cocktail zu Cocktail.

Ja, die Cocktails!

„Dieses Teufelszeug!"

Die Gelenke ihrer Finger waren schon ganz weiß, obwohl ihre Haut von der Sonne gebräunt war – so verkrampft ballte sie ihre Faust.

Wenn es einen Schuldigen für die Scheidung gab, dann war es der Alkohol. Wer oder was auch sonst? Er gehörte einfach dazu. Das Klingen der Gläser gehörte zum guten Ton. Auf jeder Party, bei jedem Empfang, in jedem Club – immer waren die Drinks dabei, und immer hatte Cliff einen Trinkspruch parat.

Es hatte lange gedauert, jahrelang, bis sie zum ersten Mal ahnte, dass die Cocktails nicht nur lustig machten. Täglich hatten sie getrunken. Und wenn es aus irgendeinem Grund einmal kein Cocktail-Treffen gab, dann hatte Cliff für sich alleine getrunken. Schon um die Mittagszeit roch er nach Alkohol. Nicht aus Frust, nicht auf den Erfolg – einfach aus Langeweile. – Bis sie ihn zur Rede stellte.

„Cliff, wir trinken zu viel", hatte sie gesagt. Ganz sachlich, liebevoll, aber mit Nachdruck.

„Vielleicht hast du Recht, Dear", hatte er geantwortet und dabei das Glas wieder aufgefüllt.

„Hey, ich meine es ernst: Du solltest nicht mehr so viel trinken, hörst du!" Er horchte auf. Offensichtlich hatte sie es ernst gemeint.

„Wie du meinst ..." Genügsam hatte er die Flasche in die Vitrine zurückgestellt und das Glas grinsend in die Blumen gekippt.

Sabine hatte geschmunzelt und ihn umarmt: „Ich meine es doch nur gut. Cliff. I love you. Das weißt du. Aber der Alkohol zerstört noch unsere Ehe."

Wie oft hatte sie das schon zu ihm gesagt, geweint, ihn angefleht.

„Ich weiß, Dear. Ich weiß."

Als sie ihn wieder einmal darauf angesprochen hatte, war er fast beschämt. Allerdings war Scham ein Empfinden, das er immer mehr abgelegt hatte. Ein Süchtiger kennt kein Schamgefühl. Allzu oft bedeckt er sich mit Schande, dass er nach und nach dagegen immun wird. Es war ihm einfach gleichgültig gewesen, dass er das Trinken nicht hatte lassen können. Ebenso gleichgültig wie Sabines mahnende Worte. Damit aber hatte er etwas Schreckliches ausgelöst, etwas völlig Unfassbares: Ganz allmählich hatte er den Respekt und die Achtung seiner Ehefrau verloren.

Sabine (ganz links) mit Freundinnen 1958

Sabine, die nun wirklich nichts, aber auch gar nichts mit der aufkommenden Frauenbewegung hatte zu tun haben wollen, eine Frau, die eine Dienerin ihres Mannes hatte sein wollen und es jahrelang gewesen war – diese Frau hatte begonnen, ihn zu verachten.

Sabine begann zu frösteln, obwohl die Abendluft lau war.

„Du hast es nicht anders gewollt, Cliff! Du warst es. Du hast alles kaputt gemacht!"

Es war niemand da, der ihre Worte am Anlegesteg hätte hören können. Das war aber auch gar nicht nötig, sie waren ohnehin für die Ohren ihres eigenen Herzens bestimmt.

„Cliff, du bist schuld. Du allein." Ihre Faust war immer noch geballt.

Als müsste sie ihre Anklage belegen, rief sie weitere Erinnerungen hervor. Erinnerungen an all seine törichten Versuche, seine Sucht zu vertuschen.

Er hatte die Flaschen aus der Vitrine im Wohnzimmer geräumt, sie aber nicht weggeworfen, sondern versteckt. Auf dem Schiff, in der Garage, im Keller. Immer wieder hatte Sabine zufällig einen Beweis für seine Schuld entdeckt.

Ein Jahr lang hatte sie ihre Mahnungen immer wieder wiederholt. Dann hatte sie ihm ein Ultimatum gesetzt:

„Wenn du noch einmal trinkst, dann *muss* ich dich verlassen." Jedes Wort ihrer Drohung hatte sie einzeln betont.

„Hörst du? Ich werde dich verlassen."

Cliff hatte sie nur teilnahmslos angestarrt und geschwiegen. Aber seit sie das erste Mal von Scheidung gesprochen hatte, war es gewesen, als erwachte ein Dämon in ihm. Konfrontiert mit den Konsequenzen seiner Sucht, war er zum ersten Mal in ihrer Ehe richtig böse geworden. Einmal hatte er sie sogar geschlagen.

Als er wieder und wieder getrunken hatte, hatte Sabine seine Eltern angerufen.

„Ich werde Cliff verlassen, wenn er das Trinken nicht aufgibt", hatte sie gesagt.

„Das kann ich verstehen", hatte ihre Schwiegermutter geantwortet, fast genauso gleichgültig wie ihr Sohn.

Schließlich hatte sie die Schwiegereltern sogar um Hilfe gebeten.

„Kommt doch, dass wir gemeinsam ganz offen darüber reden."

„Aber sicher, Sabine. Wir kommen", hatten sie versichert.

Aber was war das für ein Abend gewesen!

Die Eltern hatten Sabines Hilferuf Folge geleistet und waren gekommen.

Als sie ihnen die Tür geöffnet hatte, rief Cliff von hinten:

„Hi Dad, schön, dass du da bist. – Willst du was zu trinken?"

Als hätte er soeben eine Bar betreten, hatte Cliffs Vater nur geantwortet:

„Ja, Bourbon and Water."

Cliff hatte ihm den Whisky genüsslich eingegossen.

„Cheers!"

Während des ganzen Abends waren sie nicht ein einziges Mal auf die Eheprobleme zu sprechen gekommen. Stattdessen hatten sie gemeinsam getrunken.

„Das gibt's doch gar nicht", hatte Sabine immer wieder gedacht. „Das gibt's doch nicht."

Aber sie hatte nicht gewagt, das Gespräch auf den eigentlichen Anlass des Treffens zu lenken. Sie hatte einfach nur gehofft, die Eltern würden irgendwann irgendetwas sagen. Aber nichts, gar nichts, kein einziges Wort.

Damit war ihr Schicksal besiegelt gewesen. Sie hatte sich für die Scheidung entschieden. Etwa ein halbes Jahr hatte ihr Kampf gedauert. Dann zog er aus.

„Jetzt ist es vorbei. Alles ist vorbei", flüsterte Sabine. Sie hauchte ihre Worte in den Himmel. Heute war der erste Abend, an dem sie wieder frei war.

„Sie verstehen die wahren Werte nicht", hatte ihr Vater immer über die Superreichen gesagt. „Sie haben keine Ahnung von der Philosophie des guten Lebens."

Sie hatten wirklich keine Ahnung davon. Aber Vater hatte Ahnung, ihr Vater. Bei dem Gedanken an ihn musste sie plötzlich lächeln. Ein kleines Stück dieser Ahnung hatte er ihr mitgegeben.

Sie machte sich auf und ging zurück zum Haus. Die Platte hatte längst zu spielen aufgehört. Sie musste nach ihren Jungen sehen.

Beide schliefen tief und fest. Inzwischen waren sie acht und fünf Jahre alt. Sabine spürte beim Anblick ihrer beiden größten Schätze eine tiefe Liebe durch sich fließen. Als würde sie ein heißer Strom erfassen und ihr neue Kraft geben. Nein, sie sollten nicht so aufwachsen, nicht in all dem Luxus. Wahre Werte sollten sie kennen lernen und nicht dahinleben in diesem goldenen Käfig.

Unweigerlich musste sie an den Affen auf der Veranda

denken, den sie vor gut zwölf Jahren auf der Party eines Architekten gesehen hatte. Ja, genau so hatte sie das letzte Jahrzehnt verbracht, ein Leben im luxuriösen Käfig.

Eines wusste sie plötzlich felsenfest: Sie musste weg von hier mit ihren Kindern. Raus aus der Villa. Weg von Miami. Aber wohin? Tante Mary kam ihr in den Sinn. Viel Kontakt hatten sie in den letzten Jahren nicht mehr gehabt. Aber bei ihr würde sie willkommen sein, das wusste sie. Mary hatte vor einigen Jahren schon New York verlassen und war an die Westküste gezogen. Nach Kalifornien, „in die schönste Stadt Amerikas", sagte sie immer. Dabei sprach sie von Santa Barbara.

*

Tante Mary hatte einen neuen Freund. Angelo hieß er. Ein Italiener, mit jenem typischen Charme, den nur Südeuropäer haben – und dem Mary natürlich kampflos erlegen war. Sie hatte auf Sabines Brief sofort mit einer Einladung geantwortet. Mary war ein ehrlicher Mensch, sehr offen und herzlich, aber dominant. Ihre große Schwäche waren Männer; die hielten es aber nie sonderlich lange bei ihr aus.

Santa Barbara war wirklich eine wunderbare Stadt. Allein die Lage war traumhaft. Kaum hundert Meilen nordwestlich von Los Angeles lag es an einer herrlichen Bucht direkt am Pazifik. Umgeben von einem endlos weiten Ozean und von Bergen, die teilweise steil ins Meer abfielen, immer wieder aber auch kleine Buchten umrahmten und so paradiesische Sandstrände formten. Die Häuser waren über die verschiedenen Hügel der Stadt verstreut. Von fast allen hatte man eine atemberaubende Aussicht. Palmen prägten das Stadtbild. Sabine empfand das Klima nicht so drückend und stickig wie das in Florida. Die Luft war immer klar, aber trotzdem angenehm warm.

Die Scheidung war für Sabine ein gehöriger sozialer und finanzieller Abstieg, zugleich aber der Anfang des Weges zu sich selbst. In eine einzige Autofuhre hatte sie ihre Habselig-

Sabine mit Cliff und Fred (1959)

keiten gepackt und war in den Westen gefahren. Tagelang kutschierte sie Kleider, Geschirr, Töpfe und ihren Schmuck quer durch die Staaten. Die Kinder hatte Cliff einige Tage später ins Flugzeug gesetzt und ihr hinterhergeschickt.

„Du bist mit nichts gekommen, und du gehst mit nichts", hatte er bei der Scheidung gesagt. „Nichts" – damit hatte er freilich untertrieben: Immerhin verließ ihn Sabine mit einer satten Abfindung von 28 000 Dollar in der Tasche. Außerdem zahlte er ihr siebenhundert Dollar monatlich, dreihundertfünfzig für die Kinder und noch einmal so viel für sie selbst. Fürs Erste würde ihr das reichen, um sich nach einem eigenen Häuschen umzusehen. Genug, um ein neues Leben anzufangen.

Zunächst nahm sich Sabine eine kleine Wohnung. Sie lag im ersten Stock, direkt gegenüber dem Schulhof. So hatte sie die Kinder immer in Sichtweite, und sie mussten nur über die Straße gehen, schon waren sie in der Schule.

Es würde noch einige Zeit dauern, bis sie sich an das neue Leben gewöhnt hätte, aber „nach und nach wird es sich einspielen", hoffte sie.

Vormittags stand der Einkauf auf dem Programm, nachmittags beschäftige sie sich mit den Kindern. Das Leben ohne Kindermädchen war anstrengender, aber es schien einen Sinn zu haben. Sabine wollte eine gute Mutter sein.

„Das ist schließlich meine Pflicht", mahnte sie sich selbst.

Immer wieder lud sie andere Kinder nach Hause ein. Vor allem solche, die in der Schulklasse Außenseiter waren und mit denen keiner spielen wollte. Cliff und Fred sollten lernen, andere ungeachtet ihreres allgemeinen Ansehens zu achten und zu akzeptieren.

Aber obwohl sie ihre Kinder über alles liebte – es war ihr eine echte Last, sie zu erziehen. Oft war die Freude an ihnen getrübt. Natürlich: Sie hätte für ihre Söhne gekämpft, und niemals hätte sie sie an irgendjemanden abgegeben. Aber was ihr fehlte, war Geduld. Mit ihnen zu spielen, ihnen Geschichten vorzulesen, mit ihnen zu lernen – manchmal kostete sie all das den letzten Nerv. Zudem spürte sie, wie die Verantwortung ganz allein auf ihr lag. Würde sie ihr gerecht werden können?

Fred war alles andere als ein Musterschüler. Schon das Lesen war ein enormes Problem. Sabine versuchte, ihm Nachhilfe zu geben, aber gemeinsam kamen sie nicht weit. Fred hatte keine Lust zu lesen und Sabine keine Geduld. Einmal fuhr sie heftig aus der Haut:

„Verstehst du denn gar nichts!", brüllte sie ihn an.

Fred sollte einen Satz vorlesen, den er zwei Minuten zuvor schon einmal gelesen hatte. Doch er erkannte ihn offensichtlich nicht wieder und stotterte unter Tränen vor sich hin ...

Schließlich engagierte Sabine eine Lehrerin für ihn, wenigstens für ein paar Stunden in der Woche. Zu ihrem großen

Erstaunen verstand sie sich blendend mit ihm, und er machte Fortschritte.

„Warum verstehe ich mich nicht mit ihm?", fragte sie sich frustriert.

„Ich liebe ihn doch auch", sagte sie und spürte dabei, wie ihre Mutterliebe an schmerzliche Grenzen stieß.

*

Weihnachten 1963 nahte. Das erste Weihnachten ohne Vater. Wie schon zu den Geburtstagen der Jungen kamen auch an Weihnachten Berge von Paketen mit der Post.

„Oh, meine Güte!"

Sabine war entsetzt und wütend, als ihr der Postbote keuchend die Bescherung übergab. Spielsachen über Spielsachen. Alles teure Markenartikel – ganz nach der Ball'schen Manier. Vater und Großeltern hatten eine wahre Invasion von Spielzeug nach Santa Barbara geschickt. Fast das ganze Wohnzimmer stand voll mit Geschenken, wie für ein ganzes Kinderheim.

„Kinderheim – das ist überhaupt die Idee", dachte sich Sabine. Als sie am Weihnachtstag den Jungs die Geschenke präsentierte, sagte sie:

„Jedes Zweite packen wir wieder ein und bringen es morgen Kindern, die gar keine Geschenke bekommen. Okay?"

Cliff und Fred konnten die Berge von Päckchen gar nicht überblicken und nickten eifrig. Sie übertrafen sich an Großzügigkeit. Jeder wollte mit seinen Geschenken den armen Kindern eine größere Freude machen als der andere.

„Das geb' ich auch einem armen Kind!", verkündete Cliff stolz, als er ein Modellauto auspackte. Einen schnittigen Cadillac, wie ihn Vater fuhr.

Je länger er aber das Auto ansah, desto weniger begeisterte ihn der Gedanke, es am nächsten Tag abgeben zu müssen.

„Du darfst es behalten", Sabine fuhr ihm sanft über die Haare.

Cliff strahlte: „Dafür geb ich das her!“ Er zeigte auf eine Yacht, die er eine halbe Stunde zuvor ausgepackt hatte.

Sabine beobachtete die Szene mit Genugtuung. So wollte sie ihre Kinder erziehen. Sie sollten nicht nur an sich denken, sondern auch an andere. Fürsorglich sollten sie werden, großzügig, liebevoll. Sie versuchte so zu sein, wie ihr eigener Vater ihr gegenüber immer gewesen war: gerecht und weise.

Am folgenden Tag fuhren sie mit einem voll geladenen Auto in ein Kinderheim der Stadt. Sabine hatte ihren Besuch angekündigt, und sie wurden herzlich empfangen. Die Kinder hatten sich versammelt. Sie saßen im Halbkreis, gespannt darauf, was sie erwarten würde. Fred und Cliff genossen ihren Auftritt. Jedem der Kinder drückten sie etwas in die Hand. Mit großen Augen sahen die Heimbewohner die beiden an.

„Das ist die Yacht von meinem Papa“, sagte Cliff trocken, als er das Modellboot einem kleinen schwarzen Jungen gab.

„In echt ist sie viel größer! Aber der Cadillac ist mir lieber.“

Der beschenkte Bursche wusste nicht so recht, wie ihm geschah. Verblüfft betrachtete er das Sportboot in seinen Händen. Und schaute dann wieder auf zu Cliff.

„Ja, du kannst sie behalten“, sagte der und ging weiter zum nächsten Kind.

Für Sabine waren es herrliche Momente, ihren Söhnen beim Schenken zuzusehen. Eine Sternstunde ihrer Erziehung. Zugleich stieg Wehmut in ihr auf: Was hatte sie nur falsch gemacht? Warum mussten sie Weihnachten allein verbringen, ohne den Vater? War sie wirklich unumgänglich gewesen, die Scheidung?

Sie hatte doch immer ihre Pflicht erfüllt. Den Haushalt hatte sie doch vorbildlich organisiert. Die Mahlzeit hatte immer zur rechten Zeit auf dem Tisch gestanden. Sie hatte dafür gesorgt, dass die Kinder pünktlich und gut gekleidet in der Schule gewesen waren. Zuverlässig und pünktlich, das war sie doch immer gewesen. Einfach perfekt. Ja, die perfekte Frau hatte sie sein wollen.

„Und ich war es auch“, sagte sie sich selbst.

Sie hatte Recht damit. Perfekt war sie gewesen, so gut ein Mensch eben perfekt sein konnte. Und genau das war es, was sie Cliff hatte spüren lassen. Je schwächer er geworden war, desto stärker wurde sie. Je offensichtlicher seine Sucht geworden war, desto mehr hatte sie ihm ihren starken Charakter gezeigt. Mit jedem Wort, mit jeder Geste hatte sie demonstriert:

„Siehst du, so lebt man richtig."

Oder noch deutlicher: „Siehst du, was für eine gute Frau ich bin und was für ein Schwächling du bist."

Vielleicht hatte sie gehofft, er würde sich aufraffen. Er würde sich ein Beispiel an ihr nehmen, sich anspornen lassen und kämpfen. Kämpfen gegen den Alkohol, kämpfen um seine Ehre, kämpfen um sie. Aber das Gegenteil war eingetreten. Je mehr sie ihn unter Druck gesetzt hatte, desto schwächer war er geworden. Resigniert, frustriert, versunken in Gleichgültigkeit.

Mit jedem Tag hatte sie ein Stück mehr Respekt vor ihm verloren. Sie hatte begonnen, ihn zu verachten. Immer unverhohlener hatte sie ihn ihre Verachtung spüren lassen ... und ihn damit immer tiefer in den Abgrund getrieben.

„Du bist schuld, Sabine. Du bist schuld." Eine innere Stimme klagte sie an. Doch sie wehrte sich beharrlich:

„Schuld ist Cliff. Allein Cliff. Dieser ... erbärmliche Trinker."

Sie dachte daran, wie sie ganz zufällig eine Flasche Schnaps in der Garage gefunden und ihn dann zur Rede gestellt hatte, aber er nur wortlos aus dem Zimmer gegangen war.

„Schuld ist er, er allein."

„Was hast du in dieser Ehe verkehrt gemacht?" Das war Vaters erste Reaktion gewesen, als er von ihrer Scheidung erfahren hatte. Er hatte nicht von Cliff gesprochen, nicht von den superreichen Leuten, die doch keine wahren Werte hatten. Nicht Cliffs Versagen hatte er beklagt, zumindest nicht zuerst. Zuerst hatte er sie nach ihrer Schuld gefragt.

Noch war sie nicht bereit, sich ihre Schuld ganz einzugestehen. Andererseits hätte sie zu gerne von ihren Freundinnen in

Miami erfahren, was sie in ihren Augen falsch gemacht hatte. Aber alle hatten nur geantwortet, sie solle nicht so viel nachdenken.

„Bei dir ist alles in Ordnung“, hatten sie ihr versichert.

„Mit mir ist alles ist in Ordnung“, wiederholte sie. Doch tief in ihrem Innern wusste sie, dass sie sich belog.

*

Chris Brainard war eine liebenswürdige Frau. Eine echte Dame, gut organisiert, vielseitig engagiert; all ihren vielen Bekannten gegenüber war sie freundlich und herzlich. In ihr fand Sabine bald eine Freundin. Chris hatte vier Kinder, zwei davon waren Klassenkameraden von Fred und Cliff. Bei einem Elternabend trafen sie sich zum ersten Mal und fanden sich sofort sympathisch. Chris lud Sabine gleich zu sich nach Hause ein. Sie hatte ein schönes und elegantes, vor allem aber offenes Haus – für die unterschiedlichsten Menschen eine regelrechte Durchlaufstation. Auf Anhieb fühlte sich Sabine bei ihr wohl.

Die Atmosphäre war so anders als bei den Cocktail-Treffen in Miami, viel natürlicher, weniger aufgesetzt, einfach ehrlicher. Die Gespräche waren anregend. Man prahlte nicht mit der neuen Garderobe; viele redeten über Psychologie und Kultur, Theater und Kunst. Neue Welten für Sabine, die sich ihr langsam zu öffnen begannen.

Hier lernte sie Marc kennen, einen Ingenieur um die vierzig. Chris hatte unendlich viele Kontakte, und sie war eine Meisterin darin, ihren Freunden weitere Kontakte zu vermitteln. Marc war ein angenehmer, manchmal etwas komplizierter Mensch, der ein geregeltes Leben als Angestellter führte. Tagaus, tagein trug er lederne Stiefel. Er fuhr kein besonderes Auto und sah nicht sonderlich gut aus. Aber Sabine hatte ein rege Fantasie. Irgendwie fühlte sie sich von ihm angezogen und herausgefordert. Zwar fand sie ihn nicht sonderlich aufregend, aber sie versuchte, ihn zu verstehen, sie wollte in seine Seele sehen.

Vielleicht war es sein sicheres Auftreten, vielleicht seine ungewöhnlich tiefe Stimme, die sie beeindruckte, vielleicht auch nur der Duft der Levkojen, die er ihr bei jedem ihrer Treffen brachte. Jedenfalls fand sie in ihm einen Freund, mit dem sie etwas erleben konnte. Einmal in der Woche gingen sie ins Theater. Ihre Kinder vertraute sie währenddessen einem Babysitter an. Nur für einen Abend in der Woche ließ sie ihre Wohnung zurück und mit ihr ihre ganze Vergangenheit, ihre Ehe, ihre Schuldgefühle.

Nach Cliff war Marc der erste Mann in ihrem Leben. Sie hatte sich nie in ihn verliebt, dennoch ging sie eine Liebschaft mit ihm ein.

Sie sehnte sich nach Geborgenheit, nach Liebe, nach einer Aufgabe. Nein, Sex vermisste sie nicht. Sie wollte einfach gebraucht werden, für jemanden da sein, für jemanden sorgen. Und Marc, so schien es, hatte ihre Fürsorge nötig. Außerdem würde sie den perfekten Mann ohnehin niemals finden; diese Lehre hatte sie zumindest aus ihrer gescheiterten Ehe gezogen. Warum sie dieses Verhältnis einging, wusste sie nicht. Aber warum hätte sie es lassen sollen? Sie hatte keine Ahnung. Woher sollte sie wissen, was sie zu tun und was sie zu lassen hatte? Ihr Leben schien ohne Richtung und Ziel zu verlaufen. Orientierungslos irrte sie durch die Tage und Wochen, hin- und hergetrieben wie ein Blatt im Wind. Sie suchte, ohne sich immer bewusst zu sein, dass sie suchte.

Sie fühlte sich nicht glücklich und nicht traurig, nicht gut und nicht schlecht. Ob darin das Geheimnis des Lebens lag? Einfach gelassen zu sein, alles leicht und nichts so genau, nichts ernst zu nehmen? Wer wusste das schon? – Eines jedenfalls wurde ihr immer klarer: Sie liebte ihn nicht. Marc war freundlich, aber innerlich berührte er sie nicht. Als sie die Beziehung abbrach, war er tief getroffen. Womöglich hatte er sogar an eine Heirat gedacht. Aber nichts lag Sabine ferner, als sich festzulegen.

„Nichts mehr mit Marc, Sabine?" Chris Brainard hatte sich neben sie gesetzt mit einer Tasse Kaffee in der Hand.

„Nein, nichts mehr. Es ist vorbei." Sabine fühlte sich wirklich erleichtert und befreit. Sie hatte gar nicht gemerkt, wie die Beziehung sie mehr und mehr belastet hatte.

„Weißt du, Männer machen einem das Leben nur schwer", schmunzelte sie, „ich lebe ganz gut ohne. Und so soll das auch bleiben."

„Na, da bin ich ja mal gespannt. Nimm den Mund bloß nicht zu voll", zwinkerte Chris.

Dann stellte sie ihre Tasse auf den Tisch und sagte:

„Aber weißt du was: Du musst unbedingt Hans kennen lernen. Das ist ein wirklich toller Bursche – und er ist Deutscher."

„Spar dir deine Kuppelei", gab Sabine zurück, „ich meine es ernst. Von Männern hab ich vorerst wirklich genug."

„Aber er ist Deutscher ... soll ich ihn nicht mal bei dir vorbeischicken.

„Meinetwegen. Aber mach dir keine Hoffnungen!"

Inzwischen wurden die Tage wieder länger und wärmer. Der Frühling legte sich über das Land. Sabine saß mit Fred und Cliff in der Küche und färbte Ostereier. Das Fenster stand offen, sodass das Brummen unüberhörbar war: Ein schwarzer Triumph brauste die Straße entlang und bremste scharf vor ihrem Haus. Sabine sprang auf und eilte ans Fenster. Sie hörte gerade noch, wie die Autotüre zugeschlagen wurde. Aber als sie hinunter schaute, war schon kein Mensch mehr zu sehen.

Im selben Moment klopfte es an der Wohnungstür. Sabine legte die Schürze ab, ging zur Tür und fragte: „Hallo, wer ist da?"

„Hans ist hier", tönte es von draußen.

Sie öffnete und sah einen groß gewachsenen blonden Hünen vor sich.

„Wow!", war dessen erstes Wort.

Bevor ihm ein „Hallo" über die Lippen kam, ließ er seine Blicke über Sabines Körper schweifen, von ihren Augen bis hinab zu den Knöcheln:

„So hab ich mir dich nicht vorgestellt", sagte er unverblümt und – buchstäblich – unverschämt.

„Damit eins ganz klar ist: Wenn du irgendwas von mir willst, kannst du auf der Stelle wieder verduften!" Sabine war von sich selbst überrascht. So barsch und resolut hatte sie wohl noch niemanden begrüßt.

Jedenfalls hinterließen ihre Worte gehörigen Eindruck. Als wäre er geohrfeigt worden, blickte Hans verdutzt auf und sagte:

„Entschuldigung, ich ... äh ... ich bin Hans. Ich wollte nicht stören."

„Komm rein."

Hans setzte sich in den geschnitzten Eichenstuhl mit einer hohen Lehne. Sabine hatte das wuchtige Möbelstück schon immer den „Beichtstuhl" genannt. Ein Name, der sich bewahrheiten sollte. Denn immer wenn Hans von nun an darin sitzen sollte, würde er ihre eine neue abenteuerliche Geschichte erzählen. Sie legte ihre Schürze wieder an und fuhr mit dem Eierfärben fort. Für alle vier wurde es ein lustiger Nachmittag.

Hans war ein Casanova, wie er im Buche steht, ein liebenswerter Chaot, der sich selbst nicht verstand. Er zog die Frauen an wie ein Glas Honig die Bienen, stürzte von einer Beziehung in die Nächste und ließ ein Mädchen unglücklicher zurück als das andere. Ein ganzes Heer von verzauberten und schließlich zutiefst enttäuschten Frauen säumten seinen Weg. – Trotzdem: Selten war Sabine einem Menschen begegnet, der so offen und ehrlich war wie Hans. Er gestand seine Fehler und litt selbst wohl am meisten unter seiner Leidenschaft.

In Sabine fand er endlich eine Freundin, die ihm zuhörte, die ihn verstehen wollte und mit der er einfach reden konnte – ohne befürchten zu müssen, unversehens wieder in die nächste Liebschaft zu rutschen. Von diesem Tag an kam er immer wieder, flüchtete vor seinen Frauen und vor sich selbst in Sabines „Beichtstuhl".

*

Ein gutes Jahr war Sabine damit beschäftigt, nach einem Haus zu suchen. Mindestens zweimal pro Woche fuhr sie mit Maklern durch Santa Barbara. Es sollte das Haus schlechthin sein. Alles sollte passen. Schließlich suchte sie das Haus, in dem sie den Rest ihres Lebens verbringen würde, das Haus ihres Lebens.

„Das ist es!"

Wie lange hatte sie auf diese Feststellung gewartet. Schon bei der ersten Besichtigung wurde ihr klar: 414 Chequita Road – hier sollte ihr neues Zuhause sein.

Es lag auf einem Hügel, Halbhöhenlage, Südwesthang, am Ende einer Sackgasse. Die Kinder mussten keine durchfahrenden Autos fürchten, wenn sie auf der Straße spielten. Das Grundstück war so groß, dass mühelos noch ein zweites Haus in den Garten hätte gebaut werden können. Das grüne Paradies war ringsum von einer Steinmauer umgeben. Mittendrin plätscherte ein Springbrunnen. Eine Terrasse ging direkt in den Garten über. Im Erdgeschoss war eine Einliegerwohnung.

„In die werde ich dann einziehen, wenn die Kinder aus dem Haus sind", plante Sabine voraus, „und den Rest werde ich vermieten."

Zunächst einmal zogen sie aber in den ersten Stock ein. Fred bekam das beste Zimmer mit zwei Balkons. Cliffs Zimmer ging nach hinten raus. Er war immer einfacher zu haben und mit weniger zufrieden. Sabine nahm das kleinste Zimmer für sich. Es hatte einen kleinen Balkon nach Südwesten und eröffnete einen herrlichen Blick über die Stadt hinaus auf den Ozean.

„Es ist ein Traum!", flüsterte sie, als sie zum ersten Mal auf ihrem Balkon stand. Sie sog die frische Meeresluft in sich auf.

„Es ist *mein* Traum." Sie begann ihn zu leben.

Vierunddreißigtausend Dollar – ein stolzer Preis. Dafür aber hatte sie ihr eigenes Reich für sich und ihre Kinder. Sie nahm eine Hypothek auf und vermietete die Einliegerwohnung an einen Studenten. Tom war sein Name, er studierte Englisch.

Zu vermieten hatte neben der kleinen Einnahme einen

Das Zuhause in Santa Barbara 1965

doppelten Vorteil: Zum einen hatte sie jemanden, der den Garten in Schuss hielt. Zum andern stellte es sicher, dass Sabine als allein erziehende Mutter nicht vereinsamen würde. In der Regel aßen sie alle gemeinsam. Sabine, Cliff und Fred, dazu Tom und einige seiner Studienkollegen. Sabine kochte leidenschaftlich gerne und lud viele Gäste ein. Sie genoss die Gesellschaft, gemeinsam zu lachen, sich angeregt zu unterhalten und viel Neues zu erfahren. Außerdem wollte sie um ihre Jungen herum einige „größere Brüder" haben, die ihnen wenigstens ansatzweise einen Vater ersetzten. Da sie aber auch keine Schmarotzer beherbergen wollte, verlangte sie einen Dollar für das Essen. Noch ahnte sie freilich nicht, welche Folgen sich aus diesen Mahlzeiten noch ergeben sollten.

Auch Hans kam jeden Tag. Er aß mit und bezahlte auch seinen Dollar. Als gelernter Bootsbauer passte er eigentlich nicht zu den Studenten mit ihren Themen. Aber er war Teil der deutschen Gruppe. Zu ihr gehörte Marlen, die einen amerikanischen Freund hatte, der aus Syrien stammte und ein erfolgreicher Immobilienmakler war. Außerdem war Arvid dabei, ein Computerspezialist, den Sabine durch eine deutsche Familie kennen gelernt hatte, die in der Nachbarschaft wohnte. – Sabine hatte zwar immer noch nicht den Sinn ihres Lebens, dafür aber Freunde gefunden. Sie pflegte immer mehr Kontakte, die ihr Leben bunt machten.

In Cafés traf sie sich regelmäßig mit Don Freeman, einem Bruder von Warren Freeman aus Miami. Ganz zufällig waren sie sich in Santa Barbara begegnet, wo auch er sich niedergelassen hatte. Don war der Lieblingsonkel von Donna Freeman, Warrens Tochter. Sie war ebenfalls von Miami an die Westküste gekommen. Sie hatte zwei Töchter, die sie alleine großzog, und immer wieder Männergeschichten, die sie mit Alkohol zu verarbeiten suchte.

Sabines Bekanntenkreis wurde immer größer. Sie fühlte sich wohl, genoss die Gespräche mit Zeitungsverlegern und Schriftstellern, Psychologen und Ingenieuren. Wie noch nie in ihrem Leben interessierte sie sich für philosophische Fragen, die sie am liebsten bei einer Tasse Tee diskutierte. Und – sie fragte nach sich selbst, nach ihrer Person, nach ihrer Seele ... gab es das überhaupt, eine Seele? Wer war sie eigentlich? Sabine Koritke oder Sabine Ball oder einfach nur Sabine?

Vielleicht würde sie über Judy Brown zu einer Antwort finden. Ihr Sohn ging mit Fred in eine Klasse, ihr Mann war ein renommierter Psychologe: Professor Brown. Er galt als die rechte Hand von Fritz Perls.

Sabine hatte schon einiges über Fritz Perls gehört. Er sei „der neue Sigmund Freud“, hieß es. Und er habe eine völlig neue Therapie entwickelt, durch die zahlreiche Menschen zu sich selbst gefunden hätten, die Gestalttherapie. Seine Kurse hatten Kultstatus. Unzählige pilgerten zu ihm nach Big Sur, das ebenfalls an der Küste, direkt am Highway Number One in Richtung San Francisco gelegen war.

„Du musst dort hin", hatte Judy Brown immer wieder gesagt. Auch alle andern ermutigten sie: Marlen, Ute und Arvid, Don und Donna, auch Tom und seine Kollegen empfahlen ihr, es einfach einmal zu versuchen. Allein Hans war nicht dafür, aber auch nicht dagegen. Er konnte sich unter einem „Seelenklempner" einfach nichts Spannendes vorstellen.

„Aber wenn du meinst – warum nicht?", hatte er gemeint.

Die Gelegenheit war günstig. Im Sommer fuhren die Jungs ohnehin für einige Wochen zu ihrem Vater an die Ostküste. Schließlich meldete sie sich am „Esalen-Institute" für den Sommerkurs an. Dank Judy Browns guter Beziehungen war ihr ein Platz sicher.

*

An einem Montag sollte der Kurs beginnen. Sabine reiste aber bereits sonntags an. Sie wollte sich an die neue Umgebung gewöhnen, in der sie die nächsten Tage verbringen sollte. Vor allem aber wollte sie das Baden testen. Wenn sie etwas von dem Unbekannten wusste, das nun auf sie zukommen sollte, dann war es das Baden im Freien ... das Nacktbaden. Die Kurse von Fritz Perls waren für ihre Freizügigkeit bekannt. Freilich war sie mit dem festen Vorsatz abgefahren, bei so etwas niemals mitzumachen. Nie würde sie sich öffentlich ausziehen. Schon gar nicht vor einem Mann. – Und doch hatte der Gedanke daran etwas Reizvolles. In ihrem Bauch spürte sie ein leichtes Prickeln, das sich mehr und mehr ausbreitete und von ihrem ganzen Körper Besitz ergreifen wollte. Bis hinauf in den Hals und hinab in ihren Schoß pochte ein unbändiges Drängen. Noch aber regierte die Vernunft ihre Gedanken, und der Anstand vertrieb jene gefährlichen Gefühle, die die Grundfesten ihres Benehmens ins Wanken zu bringen drohten.

Während der ganzen Fahrt dachte sie an das Baden. Je weiter nach Norden sie kam, desto nervöser wurde sie. Wie würde sie mit der Situation umgehen? Konnte sie sich womöglich als

Einzige dem gemeinsamen Nacktbad entziehen? Vielleicht würde sie das entscheidende Erlebnis des Kurses verpassen. – Aber ein unsittliches Verhalten konnte doch niemals ihre inneres Wachstum, ihr Seelenleben bereichern. Für einen Moment glaubte sie, das Gesicht ihres Vaters vor Augen zu haben, und konzentrierte sich wieder auf die Straße. Die vielen Kurven erforderten ihre ganze Aufmerksamkeit. Außerdem war die Landschaft viel zu schön, um in sich zu gehen.

Sie hatte die Küstenstraße genommen, um sich auf die nächsten Tage einzustimmen. Wie es hieß, war es die schönste Straße der Welt. Sie schlängelte sich direkt über dem Meer an den Felsen entlang. Jede Kurve eröffnete einen neuen atemberaubenden Ausblick. Immer wieder hielt sie mit ihrem Oldsmobil an einem der zahlreichen „Vista Points“ an und sog die fast schon unwirkliche Schönheit der Landschaft in sich auf. Der Ozean lag tiefblau zu ihren Füßen. Obwohl die Sonne von einem strahlenden Himmel brannte, war es nicht heiß. Der Wind blies durch ihr kräftiges dunkelbraunes Haar, in das sich die ersten hauchdünnen silbernen Strähnen schlichen. Sie spürte eine tiefe Sehnsucht in sich aufsteigen.

„Ich will frei sein. Frei will ich sein. Frei!“, rief sie aus voller Brust über die Brandung hinaus.

Am liebsten hätte sie die Freiheit dieses Moments eingefangen und mitgenommen. Mit nach Santa Barbara, hinein in den Alltag.

Ihre Augen verfolgten einen Pelikan. Er stieg von einem der Felsen auf, die mitten aus dem seichten Wasser herausragten, als hätte sie vor Jahrtausenden ein Riese ins Meer gestreut. Der Vogel breitete die Flügel aus und ließ sich von der kräftigen Brise tragen. Elegant glitt er über die Wellen und landete schließlich auf einem anderen Felsen. – Sabine breitete ihre Arme aus und schloss die Augen. Wie würde sie so frei sein können, sich einfach treiben lassen, tragen lassen vom Wind der Zeit? – „Nur wer abspringt, lernt auch fliegen“, dachte sie und stieg wieder in ihr Auto.

Wenn Santa Barbara der Süden des Paradieses war, so begann in Big Sur dessen Norden. Es lag am Rand eines Nationalparks mit dichten Wäldern. Das Klima war spürbar rauer als in Santa Barbara oder noch weiter im Süden in Santa Monica. Doch auf der Terrasse des Anwesens war es wohlig warm: Die frische Seeluft wurde von einem Windschutz zurückgehalten, die Sonne heizte Steine und Holzbänke auf. Sabine spazierte durch die Anlage und betrat die Terrasse. Sie hatte ein großes weißes Handtuch über ihre Schulter gelegt. Dann sah sie die Szenerie, die sie in Gedanken bestimmt schon hundertmal betrachtet hatte.

In einem Pool, nahe am Haus, saß ein junges Pärchen. Splitternackt. Die beiden unterhielten sich angeregt und beachteten Sabine kaum, gerade so, als säßen sie in einem Straßencafé bei einem Stück Kuchen.

Sabine wagte nicht, ein zweites Mal hinzuschauen. Die festen Brüste der jungen Frau strahlten ihr in der Sonne allerdings unübersehbar entgegen. Durch das Wasser hatte sie erspähen können, dass auch der junge Mann rein gar nichts trug.

Sie bemühte sich, möglichst schnell weiterzugehen. „Nur nicht auffallen, Sabine", sagte sie sich und tat so, als sei es für sie das Normalste der Welt, zwischen Pools und Holzbottichen hindurchzuspazieren, die allesamt mit Nackedeis besetzt waren.

„Nichts wie weg!" Das war der erste Gedanke, der ihr bei dem Anblick durch den Kopf schoss. Dann aber fühlte sie wieder dieses Prickeln, das sie schon während der Fahrt immer wieder erfasst hatte. Jetzt war es stärker denn je. Sollte sie es einfach wagen? Die Kleider ablegen und in einen der leeren Bottiche steigen, die auf der andern Seite auf einen Badegast warteten?

„Ich muss es jetzt einfach tun." Ohne weitere Zweifel zuzulassen, legte sie kurzerhand ihr Handtuch über das Geländer und knöpfte ihre Bluse auf. Instinktiv hatte sie einen Platz ausgesucht, an dem sie nicht allzu viele Blicke erfassen konnten. Als sie ihren BH öffnete, schielte sie vorsichtig zur Seite und nahm mit Beruhigung zur Kenntnis, dass die andern Badegäste sie gar nicht zu beachten schienen. In der nächstgelegenen Badewanne saß ein Asiat, wahrscheinlich ein Japaner, vermutete Sabine, jedenfalls ein Mensch, der so weit weg von ihrem alltäglichen Umfeld lebte, dass sie es wagen konnte. Eine sanfte Brise, die sich trotz des Windschutzes auf die Terrasse geschlichen hatte, legte eine Gänsehaut über ihren Körper. Es war nicht kühl, aber ihre Haut war es einfach nicht gewohnt, nur in frische Meeresluft gehüllt zu sein. Hastig warf sie die Unterwäsche zu Bluse und Rock und verschwand in der Wanne.

Sie spürte ihr Herz bis zum Hals klopfen. „Was tust du Sabine? Was tust du?“, fragte eine mahnende Stimme. Doch je mehr die Wärme des Wassers ihren Körper erfasste, desto leiser wurden die Fragen.

„Es ist herrlich“, plötzlich durchströmte sie ein Glücksgefühl.

„Es ist einfach herrlich!“

Aus ihrer mit recht heißem Salzwasser gefüllten Wanne heraus konnte sie den Ozean sehen. Sie legte den Kopf zurück und sah, wie die Wolken vom Wind über den Himmel getrieben wurden. Plötzlich entdeckte sie wieder einen Pelikan. Mit kräftigen Schwingen flog er von einem Felsvorsprung auf der Anhöhe hinunter ins Meer.

Eine gute Stunde hatte sie so gelegen, dann stieg sie aus und trocknete sich in aller Ruhe ab. Nicht mehr bemüht, ihre Scham zu verbergen.

„Wow, ich bin frei“, dachte sie.

„Vor nichts und niemand brauche ich mich zu genieren. Ich bin frei wie ein Vogel im Wind.“

Sie zog sich an und ging in ihr Zimmer.

Als sie am Montagmorgen den Speisesaal betrat, sah sie das Pärchen aus der Wanne beim Frühstück. Sie konnte sich ein leichtes Schmunzeln nicht verkneifen. Obwohl sie diese Menschen nicht kannte und noch kein Wort mit ihnen gewechselt hatte, kamen sie ihr sehr vertraut vor. Sie vertrieb das Bild vor ihrem inneren Auge, das die beiden nackt in ihrem Bottich sitzend zeigte, und setzte sich an einen anderen Tisch.

Sie nahm an der Unterhaltung teil und tauschte mit ihren Tischgenossen Belanglosigkeiten aus. Der Raum war erfüllt von Kaffeeduft und munterem Geplauder. Plötzlich wurde es still. Sabine wollte gerade ansetzen und erzählen, dass sie zwei Söhne hatte und in Santa Barbara lebte, als ein Mann den Raum betrat, der alle Aufmerksamkeit auf sich zog. Eine Gestalt wie aus einer anderen Welt. Er trug ein langes Gewand und hatte einen mächtigen weißen Bart. Wie ein Prophet des Alten Testaments, dachte Sabine unweigerlich, obwohl sie schon seit Jahren nicht mehr in der Bibel gelesen hatte. Auch ohne Vorstellung war ihr klar: Das konnte nur Fritz Perls sein, der große und berühmte Fritz Perls. Erst als er an seinem Tisch Platz genommen hatte, kamen die Gespräche wieder in Gang.

Sabine war tief beeindruckt. Als er ihr das erste Mal direkt gegenüberstand, ihr in die Augen sah und sie begrüßte, erstarrte sie vor Ehrfurcht. Dieser Mann zog sie in seinen Bann. Er strahlte etwas Magisches aus. Sie fühlte sich völlig durchschaut von ihm. Sie konnte sich nicht erinnern, jemals einem Menschen mit so viel Autorität begegnet zu sein. Er schien eine geheimnisvolle innere Macht zu besitzen. Er versprach, sie „zur Wahrheit" zu führen und „in die Freiheit". Vom ersten Augenblick an fühlte sie sich ihm ergeben. Ob sie schon einmal bereit gewesen war, einem Führer so rückhaltlos zu folgen? Sie wusste es nicht mehr.

„Das Leben ist ein einziges Theater", raunte ihr die Nebensitzerin ins Ohr.

Die Gruppe hatte sich in einer Art Klassenzimmer versammelt. Sie saßen in verschiedenen Tischreihen. Der Meister ging vorne auf und ab. Er hatte in der Tat etwas von einem Theaterdirektor. Das Geschehen im Raum wurde von ihm inszeniert.

Eine Teilnehmerin trat nach vorne. Sie erzählte ihre Geschichte, berichtete von ihrer Mutter.

„Sie hat mich immer angeschrien", sagte sie noch etwas schüchtern.

Behutsam fragte Perls weiter: „Wie hat sie dich angeschrien?“

„Sehr laut und“, die junge Frau schluckte, die Erinnerung weckte vergessene, vielleicht verdrängte Gefühle, „... und sie hat mich so böse angesehen.“

„Wie hat sie dich angesehen? Zeig es mir!“

Die Frau zögerte.

Perls stellte einen Stuhl nach vorne. „Das ist jetzt der Stuhl deiner Mutter. Setz dich.“

Sie folgte seinen Anweisungen.

„Du bist jetzt deine Mutter, okay? Also, zeig mir, wie sie dich ansieht!“

Verunsichert blickte die Frau in die Runde.

„Zeig es uns allen“, forderte Perls, der mehr und mehr als Regisseur auftrat.

Nach und nach fand die Frau in ihre Rolle als ihre Mutter hinein.

„Zeig uns, wie es wirklich war. Zeig uns, wie laut sie war!“

Unter den Zurufen Perls’ steigerte sie sich vollends in ihre Rolle hinein und schrie schließlich aus voller Brust ihr Kind an.

Mit einer Armbewegung brach Perls ab, wechselte den Tonfall und sagte leise, fast fürsorglich: „Und jetzt spielst du dich selbst. Zeig uns, wie du dich als kleines Mädchen gefühlt hast.“

Er stellte einen zweiten Stuhl nach vorne, gegenüber dem „Stuhl der Mutter“.

Die junge Frau blickte ihn fragend an – ihr Gesicht war rot vom Schreien – und setzte sich schließlich auf den andern Stuhl.

„Deine Mutter schreit dich an. Wie fühlst du dich jetzt? Zeig es uns!“

Tatsächlich schien die Frau nun in die Rolle des Mädchens hineinschlüpfen zu können, das sie selbst gewesen war. Sie brach in Tränen aus, weinte und sank schluchzend in sich zusammen.

Gebannt verfolgte Sabine die Szene aus der letzten Reihe. „Mein Gott!“, sagte sie immer wieder. Dabei liefen ihr Tränen über die Wangen. Fast die ganze Gruppe weinte mit. – Psychodramatische Gruppenarbeit, den Begriff hatte sie bei Judy Brown gehört. Jetzt hatte sie einen tiefen Eindruck davon, was darunter zu verstehen war. Sie bewunderte die Teilnehmer, die sich trauten, vor der ganzen Gruppe aufzutreten und buchstäblich aus sich herauszugehen. Zugleich war sie sich sicher: „Niemals werde ich nach vorne gehen und irgendetwas vorspielen."

Was hätte sie auch vorspielen sollen?

Die Gespräche mit Cliff etwa? Wie sie die Schnapsflasche in der Garage entdeckte, wie sie ihn zur Rede stellte, wie sie ihn bloßstellte? – Vielleicht. Aber sie war viel zu schüchtern, um es zu wagen. Nackt baden – ja. Aber die Decke von ihrer Seele nehmen, das konnte sie nicht.

Es war am Mittwochabend, als sie an der Bar im Restaurant des Instituts saß. Sie unterhielt sich mit Jane, einer anderen Teilnehmerin, als Fritz Perls hereinkam. Sein Auftreten ließ nicht mehr alle verstummen. Inzwischen hatten sich alle an ihn gewöhnt, auch an die Aura, die ihn umgab. Zunächst schlenderte er scheinbar ziellos von Tisch zu Tisch, plauderte hier ein bisschen und dort etwas. Dann aber steuerte er direkt auf die Bar zu. Sabine spürte, wie ihre Hände feucht wurden.

„Sabine, wie geht es dir?"

„Danke, gut. Sehr gut", sagte sie hastig, was keineswegs gelogen war. Sie fühlte sich wirklich so gut wie schon lange nicht mehr.

Er legte seinen rechten Arm um sie und fragte eindringlich:

„Bist du wirklich frei, Sabine?"

„Ja, das bin ich", schwor sie.

Nun legte der „Prophet" seinen linken Arm auf Janes Schultern und stellte ihr dieselben Fragen. Sie hatte schon viele Kurse besucht und ließ die Prozedur gelassen, fast routiniert über sich ergehen.

Dann blickte er wieder zu Sabine, sah ihr tief in die Augen und sagte: „Sabine, jetzt küsst du diese Frau!"

Sein Ton war bestimmend.

Sabine folgte. Sie küsste Jane auf die Wange.

„Nein, Sabine. Auf den Mund!"

Sie zögerte, sah Jane an, die keine Anstalten machte, sich zu widersetzen.

Also küsste sie kurz ihre Lippen und lehnte sich gleich darauf wieder zurück. Dabei spürte sie den Widerstand des Armes, der immer noch auf ihren Schultern lag.

Perls schüttelte den Kopf: „Leidenschaftlich!", befahl er.

Sabine war den Tränen nahe: „Das kann ich nicht", presste sie verzweifelt heraus.

Der Meister ließ seine Arme sinken, trat einen Schritt zurück und fand wieder zu seinem behutsamen Ton zurück:

„Solange du das nicht kannst, bist du noch nicht frei."

Er wandte sich um und ging hinaus.

Sabine kam sich vor, als hätte sie eine glatte Sechs geschrieben. Sie hatte versagt. War gefangen in sich selbst. Offensichtlich ein hoffnungsloser Fall. Sie hatte den Mann enttäuscht, den sie vergötterte. Warum konnte sie nicht tun, was er sagte? Welche Blockaden waren da noch in ihr?

„Solange du dich wohl fühlst, ist alles erlaubt", hatte er einmal gesagt.

Warum fühlte sie sich nicht wohl dabei? Hätte sie sich doch einen Ruck gegeben und ihre Scham überwunden! Wie konnte sie nur so bieder sein! Sie war bereit, alles zu tun, was er sagte. – Dabei merkte sie freilich nicht, dass es ihre alte Schwäche war, der sie wieder zu erliegen drohte: ihrer Schwäche für starke Männer. Wenn ihr ein Mann nur mit genug Autorität entgegentrat, wurde sie klein, ganz klein. Bereit zu gehorchen, zu folgen, zu dienen. Wer weiß, was sie alles für ihn getan hätte, wenn er es nur befohlen hätte. Dabei wollte sie doch nur frei sein: frei vor andern und frei vor sich selbst. – Aber suchte sie hier an der richtigen Stelle? War sie in Big Sur auf dem richtigen Weg? Sie wusste es noch nicht, doch ihre Sehnsucht trieb sie weiter.

*

„Spiel ein neues Spiel, Sabine!“ Diesen Rat hatte er ihr mit auf den Weg gegeben. Zurück in Santa Barbara gewann sie etwas Abstand von der Faszination des Fritz Perls. Nach und nach erfuhr sie einige Gerüchte über ihn. Sein Sexualleben sei sehr ausschweifend gewesen, hieß es. Seine Frau habe ein Kind abgetrieben, aber Genaues wisse man nicht. Wenn sich auch Zweifel um seine Person rankten, so beeindruckte Sabine doch seine Botschaft.

„Du musst nicht das bleiben, was du immer warst“, hatte er immer wieder ermutigt. Vielleicht hatte sie sich auch nur so stark mit ihm verbunden gefühlt, weil er wie sie lange in Deutschland gelebt hatte: unter anderem in Freiburg, Berlin und Frankfurt, aber auch in Wien, Amsterdam und Johannesburg. Jedenfalls hatte er einen weiten Weg hinter sich. Ob er wirklich das gefunden hatte, was auch sie suchte: Freiheit? War seine Wegweisung die Richtige?

„Spiel ein neues Spiel“, flüsterte sie, als sie einen schwarzen Triumph vorfahren hörte.

Nur Sekunden später hörte sie jemanden die Treppen hinaufstürzen. Es war der inzwischen so vertraute Auftritt von Hans. Schon stürmte er in die Küche. Wie immer umarmte er Sabine – diesmal aber anders als sonst. Schon hundert Mal oder öfter hatte er sie besucht, war in ihre Wohnung geplatzt, hatte sich im Beichtstuhl niedergelassen und eine neue Story erzählt. Heute aber schloss er sie fester in die Arme als sonst. Sabine spürte seine Kraft, die Muskeln seiner Oberarme und seiner Brust. Brust an Brust standen sie da, eng umschlungen. Hans sah ihr in die Augen. Sein Blick schien sie zu durchdringen. Wahrscheinlich hatte er noch nie eine Frau so begehrt wie in diesem Moment Sabine. Sie roch seinen Schweiß. Er musste den Tag über gearbeitet haben. Der Duft war alles andere als unangenehm. Er roch so natürlich, so männlich, so verführerisch. Diesen Geruch in sich aufzusaugen, seine Stärke zu spüren und dabei durch seine Augen in den Abgrund seiner Begierde zu sehen – es raubte ihr alle Sinne.

Er küsste sie. Sie ließ es geschehen. Mehr noch: So fest sie konnte, presste sie ihren ganzen Körper an ihn. Schließlich trug er sie ins Schlafzimmer.

„Wer auf diesen Mann hereinfällt, ist selbst schuld", hatte Sabine immer gesagt. Sie wusste: Die Enttäuschung ist vorprogrammiert. Hans war ein leidenschaftlicher Liebhaber, der schon zig Frauen in den Sog seiner Lust gerissen hatte. Reihenweise waren sie seinem Charme erlegen. Er war getrieben von seinen Gefühlen – er wusste es, und er litt darunter. Wie oft war er zu Sabine gekommen, hatte sich in den Beichtstuhl gesetzt und herzerweichend geweint. Immer wieder, wenn er ein Mädchen umgarnt und verführt hatte. Dann war er am Boden zerstört. Sobald er sie erobert, sobald er sie einmal besessen hatte, hatte sie im selben Moment jeden Reiz für ihn verloren. So heiß er sie begehrt, so leidenschaftlich er sie geliebt und in den Himmel der Lust emporgeführt hatte, so kühl und gefühllos hatte er sie dann fallen lassen. – Er verachtete sich dafür. Fürchtete sich vor sich selbst, vor seinem Temperament, seinem zügellosen und zerstörerischen Trieb. Er war ein Sklave seiner unbändigen Gefühle. Tief in seinem Innern hasste er sich.

Dabei war er eine ehrliche Haut. Insgeheim bewunderte ihn Sabine deshalb. Nie hatte er gelogen. Immer war er echt, spielte niemandem etwas vor. Ganz offen gestand er seinen großen Fehler ein. Oft warnte er sogar die Frauen vor sich selbst, bevor er mit ihnen schlief. Sagte, er werde ihnen wehtun, wenn sie sich mit ihm einließen. Doch das steigerte allenfalls seine Attraktivität. Es schien, als hätte er jedes Mädchen schon mit dem ersten Blick verzaubert.

Es gab wohl niemanden auf der Welt, der seine Schwäche so gut kannte wie Sabine. Sie wusste es in jeder Sekunde, während der sie sich liebten: Es kann nicht gut gehen. Es wird schrecklich enden. Es wird sehr, sehr wehtun. Aber nun war geschehen, was sie sich nie, aber auch gar nie zugetraut hätte: Sie war sehenden Auges dem Mann erlegen, vor dem sie am liebsten alle Frauen Amerikas gewarnt hätte.

„Spiel ein neues Spiel, Sabine!“ Perls’ Worte hallten in ihr nach.

„Ja, ich spiele“, hörte sie ihren Körper sagen. Zugleich nahm sie sich vor: „Was ich auch tue, mein Herz verschenke ich nicht – ich behalte es fest in meinen Händen.“

Freilich eine Illusion. Mit Haut und Haaren war sie Hans erlegen. Wie hätte sie da ihr Herz für sich behalten können?

*

Eine unglaublich tiefe Liebe war geboren. Ohne einander wollten und konnten sie nicht mehr leben. Ihre Gedanken lasen sie sich von den Augen ab. Es war wunderbar. Für beide etwas Neues, etwas Besonderes, Einzigartiges.

„Ein Geschenk aus der Ewigkeit“, sagte Sabine immer wieder.

Die Ewigkeit dauerte etwa ein Jahr. Dann begann sie etwas zu ahnen, was sie nicht wahrhaben wollte. Sie spürte, wie das Feuer langsam erlosch. Wie Hans immer mehr entzaubert und ein ganz normaler Mann wurde.

Erst verdrängte sie diese Ahnung. Versuchte, die nachlassenden Gefühle zu überspielen. Aber es half nichts. Denn da war noch etwas. Etwas, das sie mit Schrecken erfüllte: Angst. Eine furchtbare Angst überfiel sie und drang wie ein Stachel in ihre Seele. Die Angst vor dem, was sie eigentlich immer schon wusste: Hans würde sie verlassen. Er musste sie verlassen. Denn es war nichts Beständiges in seinem Leben. Nur in seiner Arbeit war er exzellent, schreinerte und zimmerte Werke, die ein Leben lang hielten. Er hatte wirklich goldene Hände, Hände, mit denen er Großartiges schaffte. Sobald sie aber eine Frau berührten, zerstörten sie. Mit einem Mal fühlte Sabine diese Zerstörung in ihrem Herzen.

Sie ging im Flur auf und ab.

„Nie, nie mehr werde ich lieben!“

Zu viel hatte sie gegeben. Ihr ganzes Leben hatte sie in diese Liebe hineingelegt. Aber diese Liebe hatte keine Grundlage, keinen Rahmen. Sie lebte von der Leidenschaft, nur von Leidenschaft. Einer heißen Leidenschaft, die aufflammte und eine heiße, langlebige Glut erzeugte. Nun aber erfuhr Sabine am eigenen Leib, was ihr eigentlich schon immer klar war: Gefühle allein können nicht die Basis einer Beziehung sein.

Auch wenn das Feuer der Leidenschaft noch so heiß ist – wenn der Rahmen fehlt, wird daraus ein Flächenbrand. Wenn die fest gemauerten Steine nicht da sind, die die Flammen begrenzen und dabei zugleich erhalten, dann gibt es schmerzliche Verbrennungen. Wenn ein letztes Vertrauen fehlt, dann wird aus dem Feuer ein tödlicher Brand, bevor es schließlich ganz erlischt. – Jetzt brannte es. Fürchterlich. Alles verbrannte. Das ganze Glück der letzten Monate. Zum ersten Mal in ihrem Leben wollte sie sterben.

Sie dachte daran, wie oft sie miteinander gelacht hatten. Dachte an die Picknicks, an den Spaß, den auch die Jungen mit ihm hatten. Wie sie schwimmen gegangen waren. Wie er mit Cliff und Fred herumgetollt hatte. Hans hatte immer neue und verrückte Ideen gehabt, war so spontan und witzig gewesen. Sie schaute zum Fenster hinaus auf die Gartenlaube, die er gebaut hatte – und da war sie wieder: die Angst, er würde sie betrügen. Seine Leidenschaft würde ihn in die Arme einer anderen Frau treiben. Zugleich fühlte sie die Kälte in ihrem Herzen: Die Passion war verflogen. Dieses „Ich-kann-ohne-dich-nicht-mehr-leben-Gefühl“, einfach weg.

Ihr Name war Leslie. Sie war blond, bildschön und jung. Vielleicht halb so alt wie Sabine. Hans hatte sich verliebt in sie. Und wie immer, wenn er sich verliebt hatte: auch diesmal unsterblich. Natürlich hatte er ein Verhältnis mit ihr. Sabine ahnte es. Sie hatte beobachtet, wie er sich mit ihr am Rande seiner Baustelle unterhalten hatte. Wie sie geschäkert und gelacht hatten. Sein Imponiergehabe kannte sie nur allzu gut. Nun wusste sie, was die Stunde geschlagen hatte. Sie begann, Leslie abgrundtief zu hassen.

Eine Woche lang quälte sie sich. Ihr war, als hingen blutige Geschwüre an ihrer Seele. War das nun das Ergebnis ihrer großen Freiheit? Was war geblieben von dem „neuen Spiel"? „Solange du dich wohl fühlst, ist alles erlaubt", hatte es in Big Sur geheißen. Und es hatte ja auch so lustvoll begonnen – doch jetzt fühlte sie gar nichts mehr. In ihrem Herzen eine gähnende Leere. Ihr Leben lag in Scherben vor ihr. Das konnte doch nicht der Sinn sein. – Aber wo würde sie Erfüllung finden? Wo sollte sie suchen?

Oder gab es überhaupt keinen Sinn? Einige der Studenten, die zum Essen kamen, sagten das. Einen Sinn der Welt, einen Sinn des Lebens gäbe es nicht. Auf ihren Rat hin hatte sie begonnen, Albert Camus zu lesen. Aber sie wollte das nicht glauben: Es musste mehr geben, mehr als das bloße Nichts. Jedenfalls sehnte sie sich danach. Und diese Sehnsucht würde sie sich nicht verbieten lassen. Sie wollte mehr vom Leben, und sie würde weiter suchen.

Sie beschloss, das Heft wieder in die Hand zu nehmen, setzte sich an ihren Schreibtisch und schrieb Hans einen Brief. Dass sie ihn liebte. Dass es mit ihnen beiden nun endgültig vorbei sei. Dass sie ihm das Allerbeste wünschte – und sie wünschte ihm wirklich nur das Beste – und dass er zusammen mit Leslie herzlich zum Abendessen eingeladen sei.

Sie saßen in der Gartenlaube, die er gemacht hatte. Es war einer der lauen Sommerabende in Santa Barbara. Er hatte seine Hand auf Leslies Bein liegen. Sanft streichelte er ihr Knie und die braun gebrannte Haut ihrer schlanken Schenkel. Er machte keine Anstalten, seine neue Liebe zu verbergen. Typisch Hans: Offen zeigte er, was er fühlte. So, wie er noch nie aus seinem Herzen eine Mördergrube gemacht hatte. – Sabine tat es weh, das zu sehen. Aber sie machte ihm keinen Vorwurf.

„Es ist deine eigene Schuld", sagte sie sich.

Hans lebte ein Leben aus dem Moment und für den Moment. Ein Jahr lang hatte sie es mit ihm geteilt. Freiwillig. Nun war nichts mehr da, was sie verband, außer der Vergangenheit. Eine gemeinsame Zukunft für sie gab es nicht. Und wenn sie auch immer wieder den Gedanken an ihre leidenschaftliche Liebe nachhing, zog sie an diesem Abend einen Schlussstrich.

„Es ist vorbei, Hans", sagte sie bestimmt, „es ist einfach vorbei."

Hans machte keine Anstalten, ihr zu widersprechen. Insgeheim hoffte sie, Leslie würde dieser Abschied eine Warnung sein. Aber wie bei all ihren Vorgängerinnen waren Warnungen auch bei ihr zwecklos.

*

Erst hatte sie es sich nicht vorstellen können, aber es gab tatsächlich ein Leben nach Hans. Sie träumte noch von ihm, sah sich mit ihm zusammen eng verschlungen als ein nacktes Knäuel in seinem Bett liegen. Und seinen Körpergeruch, diesen Duft urwüchsiger Männlichkeit, würde sie wohl nie vergessen. Aber es war vorbei. Endgültig. – Manchmal hörte sie, wie abends jemand durch den Garten schlich. Eines Nachts glaubte sie sogar, aus der Laube ein Schluchzen zu hören. Sie ahnte, dass es Hans war, der wieder ihre Nähe suchte, aber nicht näher zu kommen wagte. Sie schaute nicht aus dem Fenster und öffnete schon gar nicht die Tür. Ein Zurück gab es nicht mehr. Der Beichtstuhl würde leer bleiben.

Sabine begann ihr Leben neu einzurichten, wollte sich wieder mehr um ihre Kinder kümmern. Ihre Jungs hatte sie zwar nie vernachlässigt, aber sie merkte doch: Zur Mutter war sie eigentlich nicht geboren. Zu sehr war sie mit sich selbst beschäftigt, mit ihrer Suche nach einem wirklich erfüllten Leben. Die Kinder zu versorgen, das war ihre Pflicht, der sie auch gerecht wurde. Aber Erfüllung brachte ihr das nicht.

Sie begann zu nähen. In Big Sur hatte sie eine schwarze Schneiderin kennen gelernt, die angeblich auch für die bekannte Schauspielerin Kim Nowak arbeitete. Ihre Kleider fand Sabine ziemlich mäßig, schlecht verarbeitet und, was ihren Geschmack anging, eine echte Beleidigung. So kaufte sie kurzerhand Stoffe und begann, Kleider zu entwerfen. Frei nach ihren Vorstellungen. Von Zeit zu Zeit fuhr sie nach Big Sur, um ihre Werke zu verkaufen. Und siehe da: Sie hatte Erfolg damit.

Seit ihrem ersten Besuch hatte sie Big Sur nicht mehr losgelassen. Dieser Ort war etwas Besonderes und hatte einfach Flair. Viele Künstler lebten hier, Schauspieler und Aussteiger. Leute, die vor dem Leben der Großstadt geflohen waren. Hier fand sie nicht nur Kunden für ihre „Mode", hier glaubte sie auch dem Sinn, den sie suchte, etwas näher zu sein. Immer öfter fuhr sie für ein paar Tage hierher, wenn Cliff und Fred bei ihrem Vater waren.

Gemeinsam mit ihren Kindern besuchte sie hin und wieder die Versammlung der Unitarier, einer Kirche, die eigentlich gar keine christliche Kirche war. Sie lehrten, Gott sei nur eine einzige Person, und lehnten die Unterscheidung von Vater, Sohn und Heiligem Geist ab. In den Versammlungen wurden nur moralische Fragen diskutiert. Eigentlich fand sie die Treffen immer langweilig, aber sie wollte ihren Kindern etwas Religiöses mit auf den Weg geben.

Außerdem hörte sie einige Vorlesungen an der Universität, interessierte sich für Philosophie und östliche Religionen. Von Tom und seinen Kollegen war immer zu erfahren, wann und wo ein interessanter Vortrag war. Von ihnen ließ sie sich auch auf einige Demonstrationen mitnehmen. „Natürlich bin ich gegen den Krieg", sagte sie etwas naiv und marschierte für den Frieden durch die Stadt.

Nichts deutete auf etwas Besonderes oder gar Spektakuläres hin. Es war ein ganz gewöhnlicher Abend im Fühjahr 1967, an dem ihr Leben eine entscheidende Wende nehmen sollte. Donna Freeman hatte sich telefonisch zum Abendessen angekündigt, rief dann aber ein zweites Mal an:

„Hi, Sabine, wollte mich nur noch mal kurz melden."

„Hallo, Donna. Schön, dass du heute kommst", lachte Sabine

in den Hörer, „wir haben uns schon lange nicht mehr gesehen. – Gibt's noch was?"

„Ich würde noch jemanden mitbringen", die Stimme in der Leitung klang etwas zögerlich, „ist doch okay, oder?"

„Aber natürlich, das weißt du doch", Sabine bewirtete schließlich regelmäßig eine mehr oder weniger große Gruppe, „wer ist es denn?"

„Freunde aus San Francisco. Sie sind zu dritt, alle Rechtsanwälte."

„Oh, dann haben wir ja guten Beistand, falls wir etwas ausfressen sollten", flachste Sabine.

„Sicher. Und noch was: Alle drei sind Junggesellen."

„Du solltest wissen, dass mich das überhaupt nicht mehr interessiert."

Seit ihrer Affäre mit Hans, die ja eigentlich viel mehr als eine Affäre gewesen war, fühlte sich Sabine von Männern geheilt.

„Wollte es ja nur mal erwähnen", schmunzelte Donna zurück, die sich ihrerseits in puncto Männergeschichten keineswegs als geheilt – allerdings auch nicht als krank – empfand, „ich dachte, wir könnten in irgendein Restaurant gehen", schlug sie vor.

„Nun, ich hätte auch gerne für euch gekocht. Aber ist mir auch so recht."

„Also dann bis heute Abend. Wir schauen so gegen halb acht bei dir vorbei."

„Schön. Ich bin dann so weit."

Punkt halb acht standen die vier auf der Matte. Sabine bat sie herein und bot ihnen etwas zu trinken an.

„Schön wohnst du hier", floskelte Lawrence, einer der drei Juristen.

„Wirklich, es ist ein traumhaftes Haus. Fast schon eine kleine Villa", pflichtete Michael seinem Kollegen bei.

Sabine hörte solche Komplimente immer wieder gern. Schließlich hatte sie außer ihrem kompletten Vermögen auch eine Menge Energie in den Kauf ihres Hauses investiert:

„Ja, es ist wirklich ein Traum hier. Wahrscheinlich ist mir das alles schon viel zu selbstverständlich ...", sie hielt inne, bevor sie noch mehr von sich verriet, „aber San Francisco ist auch nicht schlecht."

„Yeah, San Francisco, die Stadt der happy Hippies", polterte Jonathan, offensichtlich der Älteste von den dreien. Seine Bemerkung löste bei den andern ein heftiges Gelächter aus.

Sabine verstand nicht, wovon er sprach:

„Die Stadt der was?"

„Der Hippies", wiederholte Michael.

„Sag bloß, du hast noch keine Hippies gesehen?" Donna hatte sich in den Beichtstuhl fallen lassen, während die andern in der Küche standen.

Sabine war verunsichert.

„Lange Kleider, keine Schuhe an den Füßen, Blumen in den Haaren", Jonathan zog das Gespräch wieder an sich.

„... in den ziemlich langen Haaren", ergänzte er und machte dazu eine Handbewegung, die von der Stirn bis zu seinem Gesäß führte.

„Ja", Sabine dachte nach, „ja, ich habe solche Menschen schon gesehen. In Big Sur ...", wollte sie fortfahren, als Donna aus ihrem Stuhl aufsprang und dirigierte:

„Das können wir noch im Restaurant besprechen. Ich schlage vor, wir gehen jetzt."

Während sie hinausgingen, unterhielten sie sich noch über die neuen Frisuren. Lange Haare fand Sabine weniger anstößig als die „Pilzköpfe" der neuen Band aus Großbritannien, der „Beatles". Sie hatte sie einmal auf dem Titel eines Albums gesehen.

„Einfach geschmacklos", kommentierte sie den Haarschnitt der neuen Popstars trocken – zur allgemeinen Erheiterung der Runde.

Dass inzwischen nicht nur Mädchen, sondern auch junge Männer offene lange Haare trugen, war ihr schon in Big Sur aufgefallen. Einige davon fand sie ausgesprochen schön.

„Die Leute mit langen Haaren nennt man also Hippies",

hakte sie nach, nachdem sie sich im Restaurant an den reservierten Tisch gesetzt hatten.

„Naja, es sind nicht nur die langen Haare, die die Hippies ausmachen", Lawrence grinste geheimnisvoll und hielt inne, als wollte er Jonathan das Wort überlassen. Prompt fiel dieser auch ein und sagte: „Es sind vor allem auch Drogen!"

„Drogen?" Sabine wurde immer neugieriger.

„Ja. LSD, Marihuana, Haschisch."

„Wie bitte: Was?" Sie verstand kein Wort mehr.

Michael erklärte ihr kurz, was es damit auf sich hatte. Es handle sich um Rauschmittel:

„Sie machen abhängig, süchtig – alles in allem ein ziemliches Teufelszeug", schloss er und wandte sich seinem Steak zu.

„Aber, das ist ja furchtbar!" Sabine legte ihr Besteck nieder. „Da muss man doch etwas tun."

Die Anwälte mühten sich, das Gespräch auf ein anderes Thema zu lenken – vergeblich. Sabine ließ nicht locker, bis sie alles über die Hippies erfahren hatte, was an diesem Abend zu erfahren war.

Eine neue Jugendbewegung, viele seien Studenten. In Haight Ashbury, einem Stadtteil von San Francisco am Rand des Golden Gate Parks, hatten sie offensichtlich ihr Zentrum. Dort lebten sie in Kommunen zusammen, rauchten Haschisch und „wollen den Frieden auf Erden bringen", wie Jonathan etwas abfällig hinzufügte.

„Dabei vergessen sie freilich das Studieren." Der Unterton in Michaels Einwurf war nicht zu überhören.

Lawrence nickte zustimmend. Wenn er nicht eben eine mächtige Bratkartoffel in den Mund geschoben hätte, hätte er Michaels Bemerkung sicher mit einem gehässigen Kommentar unterstrichen.

Sabine war schockiert. Eine ganze Bewegung junger Menschen begann Drogen zu nehmen, und niemand scherte sich darum.

„Wer hilft ihnen denn? Ich meine, irgendjemand muss sich doch um diese Leute kümmern!"

Achselzucken.

„Bitte noch ein Bier", rief Lawrence der Bedienung hinterher, der seine Kartoffel nun offensichtlich geschluckt hatte.

Michael und Jonathan gelang es, daraufhin das Gespräch auf das Thema „Biersorten" zu lenken. Sabine saß wie abwesend am Tisch:

„Sie nehmen Drogen. Alle nehmen sie Drogen ..."

In dieser Nacht konnte sie nicht schlafen. Zu viele Gedanken schossen durch ihren Kopf, zu viele Fragen trieben sie um: In welcher Welt lebte sie eigentlich? Da gab es Menschen, die in einem einzigen Sumpf zu versinken drohten, und es gab andere, denen es gut ging und die sich einen feuchten Dreck darum kümmerten. – Wie verantwortungslos!

Sie konnte sich nicht erinnern, jemals so erregt gewesen zu sein.

„Das gibt's doch nicht", regte sie sich auf, „das gibt's doch einfach nicht!"

Da an Schlaf nicht zu denken war, stand sie auf und ging in ihrer Wohnung auf und ab. Wie ungerecht war doch diese Welt, und wie ignorant waren die, denen es gut ging! Ihre Pflicht wäre es doch gewesen, Verantwortung zu übernehmen und sich für gute, gerechte Verhältnisse einzusetzen – einfach zu helfen.

Alles in ihr sträubte sich. Aber gab es das denn: Verantwortung? Gerechtigkeit? Ihr Vater hatte ihr jedenfalls den Sinn dafür ins Herz gelegt.

„Wer ist verantwortlich für gerechte Verhältnisse?", fragte sie laut.

Zuerst fiel ihr der Präsident ein: Johnson – war er ein verantwortungsbewusster, gerechter Mann? Sie verstand nicht viel von Politik, aber sie wusste, dass viele Politiker zuerst an ihrer eigenen Macht interessiert waren. Vielleicht sollte sie nicht so weit nach oben gehen: Gab es in ihrem Umfeld verantwortungsbewusste, gerechte, durch und durch gute Menschen?

Sie dachte an Monique, an Janine, an Hans, an ihre Freunde in Santa Barbara. Sie waren alle nett und hilfsbereit, aber waren sie durch und durch gut? Setzten sie sich für Gerechtigkeit ein? Sicher, sie hatten viele gute Seiten. Und zuerst hatte sie an allen nur Gutes gesehen, aber nach und nach hatte sie auch Fehler entdeckt. Bei manchen kleinere, bei andern größere. So ging es ihr immer wieder: Erst war sie begeistert von einem Menschen, dann irgendwann enttäuscht. Ihre Beziehungen schienen allesamt daraus zu bestehen, aus Begeisterung und Enttäuschung, aus Traum und Erwachen. So sehr sie Einzelne auch vergöttert haben mochte, immer wieder wurden sie entzaubert. Auch Fritz Perls war längst kein Gott mehr für sie. Nein, Gott schien es nicht zu geben. Höchstens für ein paar Momente war irgendwer oder irgendwas für sie Gott. Aber letztlich bestand ihre Welt nur aus falschen Göttern, aus Idealen, die sich irgendwann in Nichts auflösten. Vielleicht war das eine ihrer größten Schwächen: Obwohl sie jedes Mal bitter enttäuscht wurde, immer wieder neu himmelte sie einen Menschen an – vorzugsweise Männer, die mit großer Autorität auftraten.

Wie stand es überhaupt um sie selbst? Die Frage traf sie ins Mark.

„Ich bin keinen Deut besser." Diese Erkenntnis war vernichtend. „Im Gegenteil: Ich bin selbst eine, die andere enttäuscht. Ständig!"

Sie blickte durch das geschlossene Fenster in die Nacht.

Hatte sie nicht ihren Vater enttäuscht, als sie gegen seinen Rat in die amerikanische High Society eingeheiratet hatte? Hatte sie nicht ihren Ehemann bitter enttäuscht, als sie ihm keine Chance mehr gegeben hatte? Und hatte sie nicht ebenso Hans enttäuscht, als sie ihn im Garten mit seinem Schmerz alleine ließ? Und wie stand es um ihre Söhne: Wurde sie ihnen gerecht?

„Oh, mein Gott!"

Sabine steigerte sich in einen Wahnsinn hinein und irrte immer hektischer von ihrem Schlafzimmer in den Flur und zurück.

Was war ihr Leben? Doch nichts als Schein! Eine einzige

Illusion. Plötzlich sah sie ihr Spiegelbild. Es schien ihr so fremd.

„Illusion, nicht als Illusion", flüsterte sie der Fremden zu, „gelebte Illusion."

War sie verrückt geworden? Hatte sie zu viel getrunken? Wer war die Person in dem weißen Baumwollnachthemd mit den zerzausten Haaren? Erst jetzt bemerkte sie ihre völlig verweinten Augen. Immer noch liefen ihr Tränen über das Gesicht.

„Wozu bin ich auf dieser Welt?", heulte sie. „Habe ich überhaupt einen Grund zu leben? Oder liege ich nach achtzig, neunzig Jahren unter der Erde – und alles war umsonst?"

Immer wieder hatte sie sich große Hoffnungen gemacht. Aber jede noch so große Vision entpuppte sich als Illusion.

Nur einige Tabletten konnten ihr Leben beenden. In wenigen Minuten – alles aus.

„Nur ein paar Tabletten", schlug sie der Frau im Spiegel vor.

Mit einmal kehrte sie ihrem Spiegelbild den Rücken und ging in den Flur.

„Ach du bist ja verrückt, Sabine. Leg dich schlafen, morgen früh sieht die Welt ganz anders aus. Mach dich nicht lächerlich wegen ein paar verrückten Hippies ..." – Die Hippies! Da waren sie wieder. Abrupt blieb sie stehen: Wer half den Hippies? Wer sorgte für Gerechtigkeit? Wer übernahm Verantwortung?

„Vielleicht lebe ich genau dafür. Vielleicht brauchen die Hippies gerade mich. Vielleicht."

Mit diesen Gedanken schlief sie schließlich ein und träumte von jungen Menschen mit langen Haaren.

*

Sabine fuhr auf der Market Street. Etwa zwanzig Meter vorher wies ein Schild nach rechts in die vierzehnte Straße – spontan folgte sie seiner Anweisung.

„Jetzt kann es nicht mehr allzu weit sein“, murmelte sie und schwenkte intuitiv wieder rechts in die Dolores Street.

Durch den dichten Großstadtverkehr zu fahren, war sie einfach nicht mehr gewohnt. In San Francisco ging es deutlich hektischer zu als in Santa Barbara. Am rechten Straßenrand tauchte eine Kirche auf. „Mission Dolores“ erklärte eine Tafel. Wer auch immer hier wen missionierte, sie beschloss, dieser Gegend ihr Auto für einige Zeit anvertrauen zu können und suchte einen Parkplatz. Sie quetschte ihren Pick-up an den Straßenrand, stieg aus und streckte sich.

Nach der langen Fahrt tat ihr ein Spaziergang jetzt richtig gut. Sie hatte sich vorgenommen, die Warnungen der Anwälte in den Wind zu schlagen. Nur mit verriegelter Türen dürfe man durch Haight Ashbury fahren und die Fenster seien selbstverständlich hochzukurbeln, wenn man sich überhaupt in dieses zweifelhafte Viertel der Stadt wagte. Sabine aber wollte die Gegend zu Fuß erkunden, sich mit den Menschen unterhalten, den Hippies ins Gesicht sehen.

Sie fragte eine Passantin nach dem Weg.

„Haight Ashbury? Wollen Sie da wirklich hin, Madam?“

„Ja, das will ich“, bekräftigte Sabine und ärgerte sich. Schließlich wollte sie nur den Weg wissen und nicht ihr Vorhaben rechtfertigen.

Die ältere Dame wies mit dem Arm nach Nordwesten:

„Hinter dem Hügel“, zeigte sie, „ sie müssen auf jeden Fall das Auto nehmen.“

„Danke“, sagte Sabine kurz, „ich bin gut zu Fuß.“

Erst wollte die Frau noch etwas hinzufügen. Als sich Sabine aber daran machte, ihre Jacke und eine Tasche aus dem Auto zu holen, verkniff sich die Dame eine weitere Bemerkung und ging kopfschüttelnd weiter.

Sabine tätschelte liebevoll ihren Pick-up, als sie die Tür ins Schloss warf. „Bis morgen“, flüsterte sie und ging zurück in Richtung Market Street.

Ihr silbergraues Cabrio hatte sie verkauft. Mit ihm war sie zusammen mit Hans nach Mexiko gefahren. Schon damals hatte sie geahnt, dass sie keine gemeinsame Zukunft haben würden. Er hatte ungeniert mit einer schwarzhaarigen und wohlgeformten Kellnerin geflirtet. Als sich Sabine darüber beschwert hatte, war er wütend geworden. Zu allem Ärger hatten sie noch einen Unfall mit dem Wagen gehabt. Sie war anschließend noch in Mexiko geblieben, bis das Auto repariert gewesen war; er allerdings war ohne sie zurückgefahren. Nachdem sie sich dann endgültig von ihm getrennt hatte, hatte sie auch das Cabrio verkauft. Ihr neuer Pick-up stand für einen Neuanfang.

Etwa eine halbe Stunde war sie schon gegangen, als plötzlich die Haight Street ihren Weg kreuzte. Ihr Herz schlug bis zum Hals. Mit einem Mal merkte sie, dass sie ziemlich nervös war. Was würde ihr begegnen? Sollte sie es wagen, allein und als Frau in die Höhle des Löwen zu gehen? Sie musste es tun. Ihr war, als würde ihr eine innere Stimme befehlen: „Geh weiter, Sabine. Geh!“

Sie bog links ab und spazierte die Haight Street entlang.

Die Schaufenster waren gefüllt mit Gegenständen, die sie in Santa Barbara noch nie gesehen hatte: Alle möglichen Arten von Pfeifen waren dort ausgestellt, Wasserpfeifen, exotische Handarbeiten, Schmuck, Taschen, aber auch Gitarren und Trommeln. Es war am späten Nachmittag. Nach und nach füllte sich die Straße mit Menschen. Ein buntes Bild, eine fröhliche Szenerie. Die Mädchen trugen tatsächlich Blumen in den Haaren. Manche hatten sich eine große Blüte ins Haar gesteckt, andere trugen einen Kranz, den sie aus verschiedenen Blumen geflochten hatten. Bemalte Kleider fielen von ihren Schultern bis über die Knöchel; auf einigen waren die unterschiedlichsten Farben zu einem bunten Potpourri komponiert. Die Haare der Männer waren kaum kürzer, Bart und Kopfhaar wuchsen bei vielen zu einer wilden Einheit zusammen. Fast alle gingen barfuß.

Aus vielen Kneipen drang ruhige Gitarrenmusik, die zusammen mit den Schwaden eines für Sabines Nase fremden Tabakgemischs auf die Straße waberte. Eine Gruppe hatte auf dem Bürgersteig einige Teppiche ausgelegt, saß im Kreis und summte ein Lied. Ihre Gesichter machten einen leicht verklärten, aber fröhlichen Eindruck. Alle schienen gelassen zu sein.

Auf der gegenüberliegenden Seite war ein Unmenge von Kleidern, Tüchern und Decken auf der Straße ausgebreitet. Drei Mädchen schienen sich besonders für die Kleider zu interessieren. Unvermittelt streifte sich eines davon ihr Kleid über dem Kopf und stand mit nichts als allein ihrer Unterhose bekleidet mitten auf der Straße.

„Na also ..." Sabine blieb wie angewurzelt stehen und sah, wie sich die vielleicht 16-Jährige gleich darauf eines der neuen Kleider überzog. Offensichtlich kaufte sie es und ließ es gleich an, worüber Sabine insgeheim froh war. Allem Anschein nach schienen diese Menschen keine Scham zu kennen. Allen Zwängen entzogen sie sich – und das mitten in der Stadt.

Sabine erreichte die Ecke, an der die Haight Street die Ashbury Street kreuzt und atmete tief durch: „Jetzt bin ich da. Mitten drin!"

Sie war fasziniert von diesen Menschen. Sie schienen ihr Leben einfach leicht zu nehmen. Vor allem: Sie waren mit wenig zufrieden. Das gefiel ihr. Für Sekunden dachte sie an ihre Schwiegermutter. Das hier war wirklich eine komplett andere Welt.

Sabine begann, mit den Hippies zu reden:

„Wie geht es euch?"

„Wunderbar geht's uns, wunderbar. Setz dich doch."

Ihre Fragen wurden nicht nur mit Worten beantwortet, sie wurde umarmt, zum Essen eingeladen und in einer unbekümmerten Herzlichkeit aufgenommen. Die Hippies wollten die Welt verändern, erfuhr sie. Sie wollten Frieden in die Welt bringen, ein einfaches Leben führen und ihre Gemeinschaft pflegen, Zeit füreinander haben.

Von Anfang an fühlte sie sich mit ihnen verbunden: Wenn sie auch nicht alles begeisterte – ihr Sinn für Hygiene etwa ließ offensichtlich zu wünschen übrig – sie teilte mit ihnen dieselbe Sehnsucht. Die Sehnsucht nach einem anderen Leben. Ihre offene, ehrliche Art berührte sie. Ihren revolutionären Geist, ihren Willen, etwas zu verändern, ihren Mut bewunderte sie.

Aber sie nahm auch die Kehrseite wahr, sah, wie einige Drogen verkauften oder weiterreichten. Wie sie in den Rausch flohen, um die Wirklichkeit wenigstens für einige Momente hinter sich zu lassen. Viele kamen aus wohlhabenden Elternhäusern, waren ausgebrochen aus einem goldenen Käfig.

„Das kann ich gut verstehen“, sagte Sabine.

Die Hippies schienen zu spüren, dass sie das ehrlich meinte.

Sie übernachtete bei David, einem Homosexuellen, den sie über die Studenten in Santa Barbara kennen gelernt hatte. David wohnte ganz in der Nähe der Haight Street und nahm Sabine für einige Tage bei sich auf. Viele Homosexuelle lebten in San Francisco. Sehr feinfühlige, kreative und gebildete Menschen, fand Sabine. Zugleich hielt sie ihre sexuelle Neigung für unnatürlich, was sie aber nicht davon abhielt, sie zu schätzen. Im Gegenteil: Sie fühlte sich sicher bei ihnen, zumal sie nicht zu fürchten brauchte, womöglich unkontrollierbare Begierden in der Männerkommune zu wecken.

Sie blieb einige Tage. Besuchte einige Wohngemeinschaften, kochte und aß mit ihnen. Dabei gewann sie eine Einsicht, die sie ihnen ganz offen mitteilte: „Was ihr braucht, ist eine Aufgabe.“

Sie fürchtete, ohne eine Arbeit und Ziel vor Augen würden sie verwahrlosen.

„Wie begabt ihr seid ...“, stellte sie immer wieder fest und staunte über die Handarbeiten, die sie zum Verkauf anboten. Aber sie konnten diese Gaben nur weiterentwickeln, wenn ihnen jemand einen Raum gab, in dem sie sie ausleben konnten.

„Sie brauchen eine Aufgabe, sie brauchen Land und Handwerkszeug“, war sie sich sicher, als sie wieder in ihrem Pick-up saß und in Richtung Süden fuhr. Wenn sie erst einmal aus der Stadt rauskämen und in eine Aufgabe gestellt würden, dann würden sie auch die Drogen nicht mehr brauchen. Sie beschloss, von nun an die Augen nach einem passenden Stück Land offen zu halten.

*

Sabine verbrachte den Sommer wieder einmal in Big Sur. Die Kinder waren bei ihrem Vater an der Ostküste mehr oder weniger gut aufgehoben. Sie mietete sich ein kleines rundes Holzhäuschen auf dem Gelände des Landschaftsarchitekten Doug Madson. Er galt als ein schwieriger Mensch und war im ganzen Ort als Halsabschneider verschrien.

„Sei vorsichtig, Sabine. Überleg dir gut, was du tust", so hatte sie Eddy, der Kellner im „Nepanthe", gewarnt. Das „Nepanthe" war der Szenetreffpunkt in Big Sur. Hierher kamen Künstler, Intellektuelle und – wie Sabine bald zu ihrer Freude feststellte – Hippies.

Menschen, mit denen niemand so richtig konnte, fanden Sabines Interesse, so auch Doug Madson. Er hatte ein großes Grundstück, auf dem lauter kleine Blockhäuser standen. Alle waren aus uraltem Rotholz gebaut und zum Teil recht reparaturbedürftig. Er vermietete sie günstig an junge Handwerker, die sie wieder herrichten sollten. Nachdem sie ihre Arbeit getan hatten, warf er sie raus und vermietete sie teurer an Feriengäste.

Sabine verstand sich auf Anhieb gut mit ihm. Sie bezog ihr kleines Häuschen und kaufte für Madson ein, sie kochte und dekorierte seine Wohnung. Madson war ein Eigenbrötler und blieb letztlich auch für Sabine ein unnahbarer Mensch; aber sie sah: Das Scheusal, für das ihn die Leute hielten, war er nicht – allenfalls ein etwas sonderlicher Mensch. Zudem hatten sie beide denselben Geschmack. Vor allem beeindruckte sie, wie man aus altem Holz so herrliche Blockhäuser zaubern konnte. Innen lagen große Perserteppiche, Felle und handgewobene Decken. Gleich vor der Tür war ein großer Rosengarten angelegt, in dem wie zufällig eine alte Badewanne stand. Über die große Wiese, in deren Mitte ein kleiner Pool angelegt war, waren die kleinen Häuschen verstreut. Von fast jeder Stelle aus konnte man auf das Meer sehen.

„So müsste es sein", sagte sie, als sie eines Abends über die Wiese schlenderte.

„Wenn ich eines Tages mit den Hippies auf ein Land ziehen

würde, dann müsste es genauso sein wie dieses hier." – Aber was redete sie da?! Zunächst einmal war sie doch nur hier, um einen interessanten Sommer in Big Sur zu verbringen. Außerdem: Würde sie überhaupt genug Kraft haben, um die Hippies von den Drogen wegzubringen? Konnte sie andere Menschen davon abhalten, sich selbst zu schaden? War sie für so eine Aufgabe bestimmt?

Es war ein Sommer voller Fragen. An vielen Abenden spazierte sie allein über Doug Madsons Gelände und dachte nach. Tief greifende und weitreichende Fragen trieben sie um. Einfache Antworten gab es nicht. Eines Abends beschloss sie auszugehen. Ihr war nach Geselligkeit. Also schminkte sie sich und pfiff dabei eine Melodie, die sie vor einigen Wochen in der Haight Street aufgeschnappt hatte. Sie wusste, der Lidschatten, den sie in diesem Moment auftrug, zierte das Gesicht einer schönen Frau. Die erste Hälfte ihres Lebens lag hinter ihr, aber sie war immer noch attraktiv.

Wenig später betrat sie das Restaurant „Nepanthe". Wo sonst sollte sie ganz zwanglos einen netten Abend verbringen? Sie stand auf der Terrasse und blickte über den Ozean. Die Wolken am Horizont waren in das vertraute Orange getaucht, das die Sonne immer wieder abends an den Himmel malte. Irgendwo dahinten bei Hawaii musste sie in den Ozean eintauchen.

„Als würden Sonne und Meer sich küssen", fantasierte Sabine. Ein Schauspiel, das die gesamte Westküste der USA bestaunte, aber hier in Big Sur empfand Sabine die Farben intensiver als irgendwo sonst in Kalifornien.

Nach Sonnenuntergang wurde die Brise empfindlich kühl. Sie fröstelte, zog ihre Weste über die Gänsehaut, die ihre nackten Arme plötzlich überzog, und ging hinein. Sie setzte sich an die Bar und bestellte ein Glas Wein. Die zwei Hocker rechts neben ihr waren frei. Auf dem Dritten saß ein stämmiger, dunkelhaariger Kerl. Er trug Blue Jeans und ein kariertes Flanellhemd, dessen Ärmel er hochgekrempelt hatte. Eine

Tätowierung an seinem mächtigen linken Oberarm verschwand unter dem Hemd. Das Motiv war nicht zu erkennen. Er hatte Hände wie Tennisschläger, fand Sabine, mit Fingern, die sie irgendwie an Saitenwürstchen erinnerten. Seine Unterarme waren muskulös und kaum behaart. Wenn er die Finger bewegte, dann zuckten die Muskelstränge im Unterarm.

„Er muss ein Handwerker sein", schloss sie. Und für einen Moment dachte sie an Hans, ließ aber dem Gedanken keinen Raum. Die Sache mit Hans war vorbei, und außerdem war der Mann neben ihr sicher nicht mit Hans zu vergleichen. Niemand war mit Hans zu vergleichen.

Keine zwei Minuten saß sie da, als der Mann mit den Pranken sie entdeckte und herübersah.

„Hi!" Seine dunklen Augen funkelten, als hätte er am Spielautomaten soeben eine Glückssträhne eingeleitet.

„Hallo." Sabine konnte im Schummerlicht nicht erkennen, ob er braune oder graue Augen hatte. Sie lächelte freundlich, aber zurückhaltend. Es war nicht das provozierende Lächeln, mit dem sie Männer aus der Reserve locken konnte. Damit hatte sie vor Jahren in so mancher Männerseele für einen hormonellen Aufruhr gesorgt. Jetzt aber wollte sie nicht mehr angreifen, mit Gefühlen und Stimmungen spielen. Nur eine nette Unterhaltung, vielleicht ein gutes Gespräch. Deshalb war sie offen für ihren möglichen Gesprächspartner – eine Offenheit, die man freilich auch anders verstehen konnte, wenn man wollte.

Der Handwerker verstand sie anders und rutschte herüber.

„Alleine hier?"

„Nein, ich bin nicht allein. Es sind lauter nette Menschen um mich herum." Sabine war schlagfertig, wenngleich sie sich selbst nicht so eingeschätzt hätte. Sie fand sich eher schüchtern, jedenfalls alles andere als vorlaut.

Er sei Klempner aus Big Sur, stellte er sich vor. An diesem Abend hatte er schon einiges getrunken. Das konnte Sabine schon bei seinem ersten Satz riechen. Die Worte kamen ihm leicht über die Lippen. Er war heiter und redselig. Daniel, so hieß er, plapperte munter drauflos und offenbarte schnell sämtliche Vertraulichkeiten seines Lebens.

Mit fünfzehn sei er von zu Hause abgehauen. Sein Vater sei sehr streng gewesen, habe ihn oft geschlagen, auch seiner Mutter habe der Alte Prügel verpasst.

„Ich hab es einfach nicht mehr ausgehalten“, von Houston/Texas sei er an die Westküste getrampt. Die Freiheit des Westens habe er gesucht.

„Und? Hast du sie gefunden?“

Er lachte laut und wirkte dabei abstoßend.

„Nun, ich hab einen Job gefunden. Verlege Wasserleitungen und bringe verstopfte Klos wieder in Ordnung.“ Sein Lachen klang hohl. Er wirkte frustriert.

„Verdammte Freiheit!“ Er nahm einen kräftigen Schluck und knallte sein Glas auf den Tresen.

„Ich komme auch aus dem Osten“, antwortete Sabine. Sie wusste nicht, ob sie ihm glauben sollte. Aber ob wahr oder gelogen, echt war jedenfalls seine Enttäuschung. Welche Geschichte genau dahinter stand, war zweitrangig. Er tat ihr Leid.

„So, aus dem Osten. Ziemlich weit aus dem Osten, was?“

Daniel war nun wirklich kein gebildeter Mensch, aber Sabines europäischen Akzent konnte auch er zuordnen, wenigstens einigermaßen.

„Ja, ziemlich weit.“

Sabine erzählte von Deutschland, von Miami; nur beiläufig erwähnte sie Cliff und dass sie geschieden sei. Daniel fragte nach Hitler. Das war das Erste, was ihm zu Deutschland einfiel. Sabine erzählte von Dresden und von Dessau. Vom Fliegeralarm, von den Phosphorbomben und von Hitlers großer Lüge. Von ihrem Entschluss, aus Deutschland wegzuziehen und in den Westen zu gehen.

„Go west, hä?“, grinste Daniel und zeigte dabei seine gelben Zähne.

„Ja, go west“, bestätigte Sabine. Das war es, was sie beide verband: Der Weg in den Westen und die Hoffnung, dort ein neues Leben beginnen zu können.

Keine besonders niveauvolle Unterhaltung, aber Sabine interessierte sich für Daniel, für den Menschen Daniel, den frustrierten Menschen, der auf der Suche war; vielleicht auf derselben Suche wie sie. Doch Daniels Interesse ging weiter.

Gut zwei oder drei Stunden mochten sie da gesessen haben, als ihm die Zigaretten ausgingen. Sabine hatte einige mitgeraucht. Er schlug vor, in eine andere Bar zu gehen, die nicht allzu weit entfernt war. Sie willigte ein, und jeder bezahlte seine Rechnung.

Daniel kurvte seinen Pick-up ein paar Straßen weiter und hielt vor dem „Anyway". An der Bar bestellte er ein deutsches Bier, „Sabine zu Ehren", wie er sagte. Während er auf den Barkeeper einredete, wurde Sabine von einer sanften Männerstimme angesprochen:

„Was für eine Überraschung! Sabine, du hier?"

Sabine wandte sich um und entdeckte einen alten Bekannten aus Big Sur. Sie hatte ihn während ihres Kurses bei Fritz Perls kennen gelernt. In dieser Zeit war – bei dem freizügigen Therapieprogramm ganz unvermeidlich – eine gewisse Vertrautheit unter ihnen gewachsen. Sie begrüßten sich herzlich, umarmten und küssten sich freundschaftlich.

Sabine konnte die Blicke nicht sehen, die sich plötzlich in ihren Rücken bohrten. Mit einem Mal explodierte Daniel. Seine Pranke fuhr an ihrem Kopf vorbei an den Pullover des vermeintlichen Rivalen.

„Das ist meine Frau!", brüllte er und zerrte den völlig verdutzten Bekannten weg von der Bar, schleppte ihn quer durch den Raum hinaus vor die Tür. Dort schlug er erbarmungslos zu. Es kam zu einer heftigen Schlägerei, die ausgeglichener war, als jeder in der Bar es vermutet hätte.

Die Kraft des Klempners glich sein Gegner durch Schnelligkeit aus. Seine Schläge waren längst nicht so stark, dafür aber platziert und durchaus wirkungsvoll. Niemand wagte es, dazwischenzugehen. Die Gäste hatten sich inzwischen vor der Tür aufgestellt und verfolgten das Schauspiel. Sabine stand in der ersten Reihe und rief Daniel eindringlich zur Vernunft.

Vergeblich. Daniel war wie taub und kämpfte wie ein angeschossener Löwe.

„Reine Männersache“, fauchte er.

Die Polizei war in wenigen Minuten da und beendete die traurige Szene. Sie nahmen die Personalien der Streithähne auf und schickte beide nach Hause, dann fuhr der Streifenwagen davon. Der Perls-Jünger ließ sich das nicht zweimal sagen, verabschiedete sich mit einem kurzen Wink von Sabine und machte sich ziemlich verstört auf den Heimweg.

Daniel saß am Straßenrand. Einige Gäste boten Sabine an, sie nach Hause zu bringen. Sie aber kniete sich neben Daniel auf den Boden.

„Mit mir willst du nicht mehr nach Hause fahren, oder?“ Er wischte sich das Blut von der aufgeplatzten Lippe.

Die Antwort Sabines konnte wohl keiner der Umstehenden verstehen: „Doch, ich fahr mit dir.“

Auch Daniel war überrascht, wahrscheinlich er am meisten.

„Hast du denn keine Angst vor mir?“

„Nein, das hab ich nicht.“ Nicht der leiseste Zweifel lag in ihrer Stimme, sie klang ruhig und bestimmt. Irgendetwas in ihr sagte ihr: Du bist jetzt für diesen Menschen da. – Sie wollte zu ihm stehen und ihm damit zeigen, dass sie ihm vertraute. Trotzdem vertraute. Würde sie ihn jetzt im Dreck sitzen lassen, dann würde er noch tiefer in seinem Frust und seiner Enttäuschung versinken als bisher. Sie wollte ihn stärken, ihm Mut machen, ihm buchstäblich auf die Beine helfen.

Dabei dachte sie nicht an sich selbst, an das Risiko, an mögliche Gefahren. Tief in ihrem Innern war sie überzeugt, das Richtige zu tun. „Komm, steh auf! Wir fahren nach Hause.“

Daniel wusste nicht, wie ihm geschah. Für ihn war diese Frau ein Wunder. Sie gab ihm völlig grundlos und ohne eine erkennbare Verpflichtung eine Würde, die er nicht verdient hatte. Das überwältigte ihn, Tränen schossen ihm in die Augen. Er schluckte und stand auf. Dankbarkeit und eine ganz fremde Freude erfüllte ihn. Was war das für eine Frau? Sie stiegen in den Wagen.

Der Pick-up stotterte auf den Highway Number One hinaus und brummte auf der schönsten Straße der Welt die Steilküste entlang; selbst in der Nacht hatte sie noch ihren Reiz. Sie schwiegen. Beide standen noch ganz unter dem Eindruck der letzten halben Stunde, ganz abgesehen davon, dass ein Gespräch in dem röhrenden Gefährt auch äußerst anstrengend gewesen wäre.

Daniel fuhr auf ein Kliff zu. Es war, als hätte plötzlich irgendjemand in sein Gemüt gegriffen und einen Hebel umgelegt. Ein Wahnsinn kam ihm in den Sinn. Mit einem Mal bekam er einen ganz anderen Blick für die Situation. Alle Dankbarkeit war wie weggeblasen, und mit ihr alle Achtung, aller Respekt für die Frau neben ihm. Ein heißer Strom stieg in ihm auf, aus dem Schoß durch den Bauch bis in die Kehle. Die riesigen Innenflächen seiner Hände wurden feucht. Er atmete tief durch. Er spürte, wie ein unbändiger Drang Macht über ihn gewann. „Nein, damit machst du alles kaputt!“, hörte er sein Herz noch sagen. Aber da fuhr er schon auf den Parkplatz, direkt am Abgrund.

Es war einer der vielen Aussichtspunkte, wo tagsüber die Touristen hielten, um Fotos zu machen. Jetzt in der Nacht war hier keine Menschenseele. Er stellte den Motor ab. Der Vollmond schien durch die verstaubten Fensterscheiben herein. Sie konnten sich in die Augen sehen.

„Ich werde dich jetzt vergewaltigen“, sagte Daniel mit ruhiger Stimme. Er sagte es in der Ruhe, die man hat, wenn man einen wohl überlegten Entschluss felsenfest gefasst hat.

Sabine verstand jedes Wort. Sofort wusste sie exakt, in welcher Lage sie sich befand. Fast hatte sie es geahnt, aber ohne dabei nervös zu werden. Und auch jetzt, da die Drohung wie ein Urteil über sie ausgesprochen war, empfand sie nicht einmal den Anflug von Panik. Es war, als hätte eine höhere Macht einen Mantel der Liebe über sie gelegt. Wie paradox: Sie verstand Daniel. In den letzten Stunden hatte sie so tief in die Abgründe seiner Persönlichkeit gesehen, dass diese Situation sie nicht wirklich überraschte.

Sie würde sich am besten nicht zur Wehr setzen. Würde sie aussteigen, so würde er ihr nachlaufen, sie einholen und auf den Boden drücken, wo es dann geschehen würde. Sie würde seinen Trieb nur anheizen, und sie würde keine Chance haben. – Doch all das überlegte sich Sabine gar nicht, dafür war überhaupt keine Zeit. Das war viel zu vernünftig. Jetzt war nicht der Augenblick der Vernunft – wenngleich sie so vernünftig reagierte, wie man in ihrer Lage überhaupt handeln konnte. Sie handelte aus dem Bauch heraus, und dabei fühlte sie sich sicher.

Daniel zog die Handbremse an. Seine Blicke wanderten an ihrem Körper entlang. Er stierte sie an, ihren weißen Hals, der im Licht des Mondes fast bläulich schimmerte. Er gierte nach ihren Brüsten. Mit lüsternen Augen lechzte er nach animalischer Befriedigung. In Gedanken riss er ihr schon die Kleider vom Leib. Jetzt würde er zur Tat schreiten und zuerst seine breiten Pranken unter ihren Rock gleiten lassen, den einfachen Rock aus Cordsamt. Einfach würde es sein. Wie naiv war diese schlanke dunkelhaarige Schönheit auf dem Beifahrersitz doch. „In Wahrheit willst du es ....“, murmelte er, „... nichts als eine Schlampe!“

„Ich werde dich jetzt vergewaltigen.“ Für Sekunden standen seine Worte im Raum. So unwiderruflich, als sei es schon geschehen. Ein Widerspruch schien unmöglich, so wie eine Flucht unmöglich war.

„Nein. Das wirst du nicht tun. Das kannst du gar nicht!“

Sabine war ganz ruhig, als sie das sagte. Sie sah ihn gelassen an. Es war eine bestechende, entwaffnende Gelassenheit. Sie legte ihre linke an seine rechte Hand, die noch die Handbremse umschlossen hielt. Sie sah ihn an. In ganz tiefer Ruhe, sodass er ihr wieder in die Augen schauen musste. Dann ließ er seine Arme fallen. Es war, als würde ein Dämon aus ihm ausfahren. Auf einen Schlag schien er nüchtern zu sein. Die triefende Gier wich einer tiefen Scham.

Tränen rollten über seine Wangen, ohne dass er wirklich geweint hätte. Er war wie erstarrt, entmachtet, kraftlos.

„Ich kann dir nichts tun.“ Er stammelte. „Was hast du nur für eine Macht?!“

„Fahr jetzt weiter", sagte Sabine.

Ohne zu zögern, startete Daniel den Motor.

Vor Doug Madsons Gelände sagte sie: „Ich möchte dich gern noch mal wieder sehen."

Sabine wusste, Daniel brauchte jemanden, der ihn begleitete. Eine ganze Zeit lang wenigstens. Sie war bereit, ihm zu helfen.

Daniel kniff die Lippen zusammen und presste ein „Okay" heraus.

Sie lächelte und berührte noch einmal seine Hand: „Bye!"

Noch bevor sie die Autotür richtig zugeschlagen hatte, fuhr er an. Das Donnern des Motors verlor sich in der Nacht. Sie hat ihn nie wieder gesehen.

Als sie in ihrem kleinen Häuschen war, konnte sie noch nicht schlafen. Die Fragen des Nachmittags waren wieder da und stiegen in ihr hoch: Konnte sie andere Menschen davon abhalten, etwas Böses zu tun? War sie bereit für eine so unmögliche Aufgabe? Würde sie die Kraft dazu haben? – „Was hast du nur für eine Macht!", hatte Daniel gesagt. Sie hatte dem Bösen gegenübergestanden, aber an das Gute in diesem Menschen appelliert. Seinem teuflischen Plan hatte sie einfach widersprochen: „Nein", hatte sie gesagt, ein ganz schlichtes Nein. Ein Schauder lief ihr über den Rücken. „Ich werde dich jetzt vergewaltigen." Der Satz hallte in ihr nach. – Hatte sie nicht eben dem Teufel in die Augen gesehen? Und hatte sie ihn nicht mit einem schlichten Wort vertrieben? Was sie da erlebt hatte, war das nicht so etwas wie eine Berufung? Wenn sie Daniel vom Bösen abgehalten hatte, dann würde sie auch den Hippies helfen können.

*

Eine Woche später lernte sie Gus und Mary kennen. Gus hatte sie schon einige Male im „Nepanthe" gesehen, aber nie mit ihm gesprochen. Nun kam er auf Madsons Grundstück, zog seine

Kleider aus und sprang in den Pool. Seit Sabine zwei Jahre vorher die Gestalttherapie in Big Sur mitgemacht hatte, schockierte sie das nicht mehr. Dieses natürliche und unbekümmerte Verhalten begeisterte sie immer noch. Auch sie selbst glaubte, ihr Schamgefühl verloren zu haben. Ab und zu sonnte sie sich nackt auf Madsons Terrasse.

Gus war ein Hüne. Er hatte kräftiges schwarzes Haar, das seine breiten Schultern bedeckte, einen dichten langen Bart. Er war einer der führenden Köpfe der Hippieszene in Big Sur. Er stieg aus dem Pool, trocknete sich ab, zog sich an und kam herüber zu Sabine, die sich im Rosengarten zu schaffen machte.

In diesem Moment öffnete eine junge Frau das Gartentor. Sie trug ein langes weißes Kleid, über das ihr langes braunes Haar weit hinabfiel. Offensichtlich war sie schwanger. Sie ging langsam, setzte behutsam ein Bein vor das andere und hielt dabei ihren Bauch.

„Das ist Mary, meine Frau", erklärte Gus und winkte sie herüber.

Zu dritt setzten sie sich ins Gras und unterhielten sich. Das Pärchen beeindruckte Sabine. Beide waren wunderschöne Menschen. Gus war ein urwüchsiger Typ, „ein hervorragender Jäger und Fischer", wie Mary bemerkte. Hin und wieder zimmerte er an einem von Doug Madsons Häuschen herum. – Und Mary war ein Engel, fand Sabine. Ihr sanftes und natürliches Wesen erinnerte sie an die Prinzessinnen aus alten Märchen. Sie lebten zusammen in einem Tipi, einem großen Zelt am Waldrand, das Gus nach indianischem Vorbild gebaut hatte. Von ihnen erfuhr Sabine mehr über die Künstler, Töpfer und Maler in Big Sur. In ihnen lernte sie einen Lebensstil kennen, den sie bewunderte.

Plötzlich glaubte sie, die tiefe Sehnsucht ihres Herzens in Worte fassen zu können:

„So will ich auch leben", sagte sie sich, nachdem Gus und Mary gegangen waren, und fügte hinzu, „zusammen mit den Hippies."

Wenn es eine Chance für die Hippies aus der Stadt gab, dann war es dieses urige Leben auf dem Land. Hier würden sie ihre Träume ausleben können. Und hier waren sie weg von den Gefahren der Großstadt. Ihre Drogen würden sie hier schnell vergessen. Ihnen dabei zu helfen, darin musste der Sinn ihres Lebens liegen.

*

Als sie nach Santa Barbara zurückkehrte, wusste sie: „Hier werde ich nicht den Rest meines Lebens verbringen."

Cliff und Fred kamen zurück von der Ostküste. Sie hatten einen herrlichen Sommer mit ihrem Vater verbracht, waren mit seiner Yacht auf den Atlantik gefahren und hatten einen ganzen Koffer voller Geschenke von den Großeltern mit nach Hause gebracht. Sie ahnten noch nicht, dass ihre Mutter plante, ihr schönes Haus in der Chequita Road zu verkaufen und wieder umzuziehen.

Sabine war wie besessen von dem Gedanken an ein neues Leben auf dem Land. Mit einem schlichten Restaurantbesuch im Frühjahr hatte es begonnen. Dann hatte sie die Hippies in San Francisco mit eigenen Augen gesehen und gemerkt: Sie brauchten Hilfe. In der Begegnung mit Daniel hatte sie erlebt, dass sie Menschen von einer bösen Tat abbringen konnte. Es musste also auch Hoffnung für die Hippies geben. Schließlich hatte sie in Gus und Mary zwei Vorbilder kennen gelernt, an denen sie sich nur zu orientieren brauchte.

Zunächst aber schien das Leben wieder seinen normalen Gang zu nehmen. Die Kinder gingen zur Schule, Studenten kamen zum Essen und mit Chris Brainard und Donna Freeman traf sie sich zum Kaffeetrinken – bis sie von einer neuen Bewegung unter den Hippies hörte: In Scharen machten sie sich nach Norden auf und zögen nach Mendocino, ein kleines, verschlafenes Fischerdorf, etwa hundertfünfzig Meilen nördlich von San Francisco. – Noch im Herbst vertraute Sabine ihre Söhne den bewährten Babysittern an und reiste nach Mendocino.

Schön, wildromantisch lag es über der Steilküste. Die Felsen bildeten bizarre Formationen: Brücken, die der Ozean ausgehöhlt hatte, Kegel, an denen die Brandung nagte, manche sahen aus wie Pyramiden, die von Wellen umspült wurden. Das Klima war rauer als in Big Sur. Die Häuserfassaden der Hauptstraße, die vom Highway Number One bis direkt an die Küste führte, erinnerten Sabine an einige Western, die sie im Kino gesehen hatte. Die Hippies hatten sich in einige Blockhäuser eingemietet und Wohngemeinschaften gegründet. Mendocino hatte nicht das fast schon klassische Flair von Big Sur, dafür aber einen ganz eigenen Reiz. Sabine fühlte sich wohl: Die Luft war klar, die Stadt war weit weg und vor allem: Die Preise waren niedrig.

„Soll ich hierher ziehen?“, fragte sie sich, als sie in ihrem Pick-up zurück nach Santa Barbara fuhr: „Finde ich hier eine neue Lebensaufgabe?“

Die Entscheidung fiel schwer – schließlich hatte sie sich einmal vorgenommen, ihr Leben ganz in Santa Barbara zu verbringen. Doch sie sehnte sich nach einer Aufgabe, die sie ganz ausfüllte. Wie hätte sie innerlich zufrieden weiterleben können, wenn sie draußen so viel Ungerechtes, so viel Not sah? Nein, sie war fest entschlossen, noch einmal etwas ganz Neues zu wagen.

Während des Winters leitete sie alles Nötige in die Wege, um im nächsten Sommer umziehen zu können. Keiner ihrer Freunde wollte sie von ihrem Entschluss abhalten. Allenfalls bewunderten sie Sabines Mut, ihre Bereitschaft, alles für eine wohl doch etwas verrückte Idee aufs Spiel zu setzen. Inzwischen hatten sie alle von den Hippies gehört, und die meisten empfanden Sympathie für die neue Bewegung, aber alles aufzugeben, ein ganz neues Leben zu wagen – das wäre ihnen nie in den Sinn gekommen.

Ganz anders Sabine. Das Haus hatte sie schnell verkauft. Die

Eltern eines jungen Studenten aus Chicago boten ihr einen guten Preis, mit dem sie alles zurückbekam, was sie in das Haus investiert hatte. Eine sehr reiche alte Bekannte aus Miami, Caroline, kaufte ihr allen Schmuck ab, dazu einen ganzen Schrank voll mit Silber, das Besteck, Karaffen, Schüsseln. Nicht einmal den Verlobungsring von Cliff behielt sie. Immerhin zehntausend Dollar bekam sie für alles. Sie hing nicht mehr an ihrem alten Leben. Reichtum – das war ein Relikt aus einer anderen Welt, in der sie früher einmal gelebt hatte.

Die Studenten halfen beim Umzug. Auf drei Autos verluden sie, was Sabine nicht verkauft hatte. David, eine weitere Studentin und Sabine selbst saßen am Steuer. Bevor sie abfuhren, ging Sabine noch einmal zurück. Ganz unerwartet stand dort ein Mann in der Tür, dem sie schon weit über ein Jahr nicht mehr begegnet war: Hans. Einen Strauß mit Wiesenblumen in der Hand: „Warum kannst du nicht warten?"

Seine Augen waren rot unterlaufen. Offensichtlich hatte er geweint.

„Warten – worauf?" Sabine zwängte sich an ihm vorbei ins Haus.

„Worauf? Auf mich. Auf mich, bis ich so weit bin!", rief er und folgte Sabine, die noch einmal durch alle Räume ging und in jeden einen letzten Blick warf.

Als sie in die Küche schauten, flüsterte er:

„Weißt du noch?"

„Es ist vorbei, Hans. Das weißt du – ich habe gar nie begonnen, auf dich zu warten. Es gibt nichts, worauf wir warten könnten."

Ihre Worte waren klar und bestimmt, Hans trieben sie neue Tränen in die Augen:

„Aber du gehörst zu mir", heulte er. Wie ein trotziges Kind stapfte er ihr hinterher die Treppen hinauf. Kaum war er oben angekommen, kam sie ihm schon wieder entgegen. Er drückte ihr die Blumen in die Hand, sie nahm sie und ging die Stufen wieder hinab.

„Komm", sagte sie an der Haustür, „es ist Zeit zu gehen."

Ein letztes Mal hatte Hans seine Tränen im ganzen Haus verteilt. Im Grunde wusste er genauso gut wie Sabine, dass es keine Zukunft für sie gab. Doch ein letztes Mal bäumte er sich gegen diese Wahrheit auf und sackte dann in sich zusammen. Er, der bärenstarke Handwerker, saß vor den Stufen der Haustür und schluchzte.

Hinter ihm fiel die Tür ins Schloss. Sabine ging an ihm vorbei. Bevor sie ins Auto stieg, drehte sie sich ein letztes Mal um: „Bye, Hans. Leb wohl!"

Die Blumen hatte sie in die Küche gelegt. Dort sollten sie bleiben und verwelken.

*

Während der Fahrt erzählte sie Cliff und Fred von Mendocino, wie schön es dort sei. In bunten Farben malte sie die tiefen Rotholzwälder vor ihre Augen. Sie schilderte das wilde Meer und berichtete von den Hippies.

„Das sind ganz liebe Menschen", sagte sie immer wieder, „sie werden euch gefallen."

Sie hatte ihre Söhne nicht vorher gefragt, ob sie mit ihr umziehen wollten. Wozu auch? Sie traf die Entscheidungen und teilte sie ihnen mit. Sie folgten ihr ohne größeren Widerstand. Immerhin hatten sie fünf Jahre in Santa Barbara verbracht. Von 1963 bis 1968 hatten sie dort gelebt. Und nun? Wie lange würden sie in Mendocino bleiben? Sabine wagte keine Vorhersage mehr. Schon zwei Mal hatte sie sich getäuscht: Den Mann fürs Leben hatte sie geheiratet und nach zehn Jahren verlassen. Das Haus ihres Lebens hatte sie gekauft und war nach fünf Jahren ausgezogen. Jetzt hatte sie den Sinn ihres Lebens gefunden – oder war das auch eine Illusion? Sie ging, wohin der Wind sie trieb.

In Mendocino wohnten sie zur Miete. Fünfundsiebzig Dollar im Monat für ein kleines Häuschen. Sabine schlief im

Wohnzimmer, die Jungen teilten sich ein großes Schlafzimmer. Tatsächlich schien ihnen der Umzug leicht zu fallen. Vor allem die Wälder begeisterten sie. Schon bei ihrer Anreise, als sie vom Highway 101 auf den Highway 128 abgebogen waren, hatten sie ihren Augen kaum getraut. Eine halbe Ewigkeit waren sie durch den Wald gefahren, dessen riesige Redwood-Sequoias wie Säulen aufragten. Manche waren über fünfhundert oder gar tausend Jahre alt – gewaltig.

Allmählich kehrte der Alltag ein, ein neuer Alltag. Wieder lebten sie in einem offenen Haus. Die Hippies kamen zu Sabine, wann sie wollten. Sie kochte, verlangte aber nun nichts mehr für die Suppe wie noch in St. Barbara. In der ganzen Stadt herrschte eine außergewöhnlich herzliche, fast rührige Atmosphäre. Was war das für ein Umarmen, Küssen und Streicheln, wenn Sabine durch die Straßen ging! Nein, keine zur Schau getragene oder gar vorgespielte Herzlichkeit; es war das Leben der Hippies, ihre große Losung, ihr Ideal, das sie ausdrückten: Liebe. Durch ihre Liebe wollten sie die Welt verändern, Frieden schaffen.

Abends traf man sich im „Seagull“, einer Dorfkneipe in Mendocino, die seit der Invasion der Hippies zum Szenetreff geworden war. Dort wurde getanzt, getrunken, geraucht und philosophiert. Eine Band spielte, jeden Abend in leicht veränderter Besetzung. Alle Musiker brachten ihre selbst gebauten Instrumente mit. Sabine fand die Trommeln und Gitarren wieder, die ihr schon in Haight Ashbury aufgefallen waren. Einer spielte sogar auf einem Waschbrett. Der mitreißendste Musiker von allen aber – so fand Sabine – war Gus.

Er war inzwischen mit Mary und seiner kleinen Tochter von Big Sur nach Mendocino gezogen, lebte aber zeitweise auch in einer Kommune auf einer Farm in Oregon. Durch sein Tipi waren sie an keinen Ort fest gebunden.

In Oregon besuchte sie Sabine einmal und war entsetzt: Außer Gus und Mary lebten die Hippies in einem heruntergekommenen Bauernhaus mit allen möglichen Tieren zusammen.

Gus und Mary in Big Sur, 1967/68

Hunde, Gänse, Hühner, Ziegen ... es roch schlimmer als in einem ordentlich geführten Kuhstall. Ein bestialischer Gestank durchdrang alle Zimmer. Dieses Erlebnis bekräftigte Sabines schon lange gefassten Entschluss: „Gus", sagte sie, „wir kaufen ein Land, und wir werden dort die perfekte Kommune sein."

Zusammen mit Mary und dem Baby zog Gus daraufhin in Sabines Häuschen nach Mendocino.

Wenige Tage später hörte Sabine im „Seagull" von einem, wie

es hieß, sensationellen Angebot. Sechzig Hektar, die für knapp vierzigtausend Dollar verkauft werden sollten. Das war ein großartiger Preis für ein Grundstück dieser Größe. Sie mischte sich in das Gespräch der Farmer am Nebentisch ein.

„Was stimmt nicht damit?"

„Nichts, Madam", antwortete einer der Farmer.

„Es ist ein Land, das schläft. Es wurde einfach noch nicht entdeckt – und dem Besitzer macht es zu viel Arbeit."

Das klang zwar plausibel, aber vielleicht hatte die Sache ja doch einen Haken. Sabine beschloss, das Land auf jeden Fall zu besichtigen.

Sie stieg in den Pick-up, fuhr etwa sieben Meilen in südlicher Richtung, durchquerte Albion, ein kleines Dorf am Highway Number One, um schließlich links in die Navarro Ridge Road abzubiegen, noch bevor der Highway den Navarro River überquerte. Ihr Pick-up schnaufte das schmale Sträßchen hinauf, das sich über den Bergrücken zog. Vorbei an zwei oder drei kleinen Farmen führte es am Wald entlang. Auf der rechten Seite gaben die Bäume ab und zu den Blick frei, und sie konnte in das steil abfallende Tal hinabsehen, das der Fluss in die Landschaft geschnitten hatte. Die gegenüberliegenden Hänge waren von dichtem Wald bedeckt. Nur die Hochfläche war gerodet und wurde teilweise als Weide genutzt. Einige mächtige Rinder blickten kurz auf, als sie mit ihrem Pick-up vorbeituckerte, wandten sich dann aber wieder ihrem ziemlich dürren Gras zu. Nach etwas mehr als drei Meilen zweigte ein schmaler Feldweg links ab und führte auf eine Lichtung. Sie hatte ihr Ziel erreicht.

Die Lichtung war mit alten Baumstümpfen übersät, Zeugen aus uralter Zeit. Einer von ihnen war gut dreitausend Jahre alt. Mächtige Stämme mussten hier in den Himmel geragt haben; die größten von ihnen hatten einen Durchmesser von zwei bis drei Metern. Aus den Baumstümpfen trieben teilweise neue Zweige nach, manche von ihnen waren zu richtigen Büschen gewachsen – und das, obwohl die meisten nach dem Fällen angebrannt wurden, um zu verhindern, dass sie erneut ausschlugen. Mitten auf der Wiese stand eine alte Scheune, die am Zusammenfallen war. Früher habe hier eine alte Farm gestanden, deren Farmhaus aber abgebrannt sei, erklärte der Makler, mit dem zusammen Sabine das Gelände inspizierte. Vor etwa hundert Jahren sei die Lichtung kahl geschlagen worden, eine Fläche von gut drei Fußballfeldern. Die größte Fläche des Grundstücks war aber bewaldet: ein ansehnlicher Rotholzbestand, unter den sich auch einige Tannen und Fichten gemischt hatten.

Es war Liebe auf den ersten Blick. Sabine war fasziniert von dem Land. Von einigen Bekannten ließ sie das Objekt begutachten. Dann sagte sie zu. Sabine Ball war die Besitzerin eines zwar nicht sehr ansehnlichen, aber doch großen und wertvollen Gutes geworden.

*

Sabine schlief tief und fest. Kein Wunder, denn den ganzen Tag über war sie an der frischen Luft gewesen. In den gut anderthalb Jahren, die sie nun schon auf ihrem Land lebte, verbrachte sie die meisten Stunden des Tages im Freien. Gut zwei Jahre waren vergangen, seit sie im Sommer 1968 nach Mendocino gezogen waren. Der zwölfjährige Fred lebte inzwischen ganz bei seinem Vater in Miami. Von einem seiner Sommerbesuche war er einfach nicht mehr zurückgekehrt. Schon in Santa Barbara hatte es ihm nicht gefallen; immer wieder hatte er gefragt: „Warum sind wir nicht bei Papa in Florida geblieben?"

Das Hippieleben hatte er schließlich nicht mehr ausgehalten. Es war ihm wohl zu chaotisch gewesen, einfach in den Tag hineinzuleben. Sabine hatte ihn ziehen lassen.

„Es ist wohl besser so", hatte sie sich gesagt. Ohnehin hatte sie sich mit ihm schon immer schwer getan – und er mit ihr. Cliff dagegen genoss das Leben auf dem Land und wuchs zu einem richtigen Junior-Hippie heran.

Sabine schlief im „Big House". Das „Große Haus" war ein

Blockhaus, das die Hippies aus mächtigen Rotholzdielen gebaut hatten. Bislang bestand es aus einem soliden Fundament, vier Wänden, einer Zwischendecke und einem Dach. Die Arbeit ging langsam voran. Zwar hatten einige Hippies wirklich gute handwerkliche Fähigkeiten; sie aber auf Trab zu bringen, war nicht immer ganz einfach. Sabine war gerade dabei, Steine zu sammeln, damit Larry einen Kamin für den nahen Winter mauern konnte. Überall im Haus hängte sie Glöckchen auf, häkelte Kreuzchen und verteilte sie. Einigen der unzähligen Gäste auf dem Land hängte sie Kreuzchen an den Rucksack, wenn sie weiterreisten – als Talisman, als gutes Omen für ihren Weg – freilich ohne zu wissen, was das Kreuz eigentlich bedeutete.

Jeden Abend kamen die Hippies aus ihren Zelten und kleinen Hütten, die sich nach und nach über die ganze Lichtung verteilt hatten. Sie brachten Instrumente mit, dazu Kerzen und Öllampen. Gemeinsam sangen sie, tranken und rauchten. Obwohl sich viele kaum kannten, lebten sie doch als eine Familie zusammen. Sabine versuchte immer wieder, sie von Haschisch und Marihuana fern zu halten – letztlich aber vergeblich. Sie war nicht Teil der Hippies, fühlte sich nicht als eine von ihnen. Wenn im Sommer alle nackt auf dem Land umhergingen, so tat sie es nicht – nicht mehr. Sie wollte ein Vorbild für sie sein. Von ihr sollten sie lernen, was Ordnung bedeutete. Und dazu passte es einfach nicht, einander ständig völlig entblößt zu begegnen. Obwohl sie das in Big Sur als große Befreiung erlebt hatte – jetzt empfand sie, dass sie mit ihren Kleidern ein Stück ihrer Würde ablegte. Nicht dass sie sich vor den andern geschämt hätte, aber zu ihr als Person mit wenigstens etwas Autorität gehörten Kleider einfach dazu. Sie empfand Verantwortung für „ihre" Hippies und wollte ihnen ein Gespür dafür geben, was es hieß, verantwortlich zu leben. Aus der Millionärin war eine Hippie-Mutter geworden.

Sie liebte sie. Und sie litt unter ihnen. Manchmal, wenn sie wieder einmal Hasch rauchten, ging sie ziellos über das Land und war verzweifelt. Sie fühlte sich unfähig, sie zum wahren

Leben zu führen. Und ... wie sah das denn aus, das wahre Leben? Ihr eigenes Leben war bestimmt kein Vorbild. Überhaupt, was war schon die Wahrheit?

Wenn sie abends müde war und erschöpft ins Bett fallen wollte, so war das nicht immer ganz einfach. Ihr Bett stand mitten in dem einen großen Zimmer des „Großen Hauses", in dem gelacht und gesungen wurde. Ihre Gäste rauszuwerfen, war unmöglich. Sie wollte es nicht und sie konnte es nicht, so weit reichte ihre Autorität nicht. Freilich, die Hippies respektierten und liebten sie über alles. Kein Weg war ihnen zu weit, um ihr zu helfen. Aber sich von irgendjemanden in die Schranken weisen zu lassen – das ließen sie nicht zu. Sie wollten frei sein von allen Regeln – eine Freiheit, die Sabine immer öfter auch als Last empfand. Wenn alle noch laut im Zimmer lärmten, legte sie sich einfach ins Bett und stellte sich vor, sie sei eine Königin:

„Königinnen werden auch von Musik begleitet, wenn sie ins Bett gehen ... ich bin halt eine Hippie-Königin." Irgendwann schlief sie dann ein.

Wann ihre Gäste sie in dieser Nacht verlassen hatten, wusste sie nicht mehr. Plötzlich weckte sie eine ruhige, leicht säuselnde Stimme: „Sabine, die Scheune brennt", sang ihr Phil ins Ohr, ohne jedes Anzeichen von Panik oder Hektik.

Es dauerte einige Momente, bis Sabine begriff. Dann sprang sie aus dem Bett und war mit einem Satz am Fenster. „Oh nein!"

Der Himmel war rot. Die ganze Scheune stand in Flammen und brannte lichterloh. Sabine warf sich einen Mantel um und eilte hinaus.

Zu ihrer Beruhigung sah sie wenige Sekunden später alle wohlauf, die in der Scheune geschlafen hatten. In ihren Gesichtern tanzten die Spiegelbilder des Feuers. Die Hippies setzten sich um die Scheune wie um ein großes Lagerfeuer. Schweigend. Nur das Knistern und Krachen des Feuers war zu hören, das die Scheune heißhungrig verzehrte. Hin und wieder krachte und knarzte es. Die Scheune ächzte – „wie im Todeskampf", dachte Sabine. Eine merkwürdige Szene, fast unwirklich. Obwohl das Feuer eine enorme Hitze ausstrahlte, lief ihr ein kalter Schauer über den Rücken.

„Es ist so unheimlich ...“, flüsterte sie und starrte in die Flammen.

Plötzlich bäumte sich ein brennender Balken auf und schlug gegen einen Querbalken. Formten da nicht beide ein feuriges Kreuz?

Bevor sie etwas sagen konnte, fiel die Scheune in sich zusammen.

„Habt ihr das gesehen?“

„Feuer reinigt alles“, flüsterte Gus, der im Schneidersitz im Gras saß und vor sich hin sinnierte, als würde er meditieren, „keine Macht der Welt kann sich ihm widersetzen.“

Gewiss waren die meisten von ihnen nicht religiös, aber während sie ihre Scheune verbrennen sahen, ahnten sie: Eine höhere Macht handelt mit uns.

Sabine setzte sich in die Runde. An Löschen war ohnehin nicht zu denken. Sie ließen die Scheune einfach abbrennen und sahen zu. Dabei saßen auch John und Linda Bilderbach. Sie wohnten in einer Kommune bei Mendocino, waren aber immer wieder zu Gast auf dem Land, auch in dieser Nacht. Sie waren immer freundlich und hilfsbereit, halfen beim Bau der Häuser. Dabei erzählten sie ständig von Jesus. John hatte immer eine kleine Bibel in der Hosentasche, die er bei jeder Gelegenheit hervorzog und zitierte. Auch Linda hatte ständig Bibelverse auf den Lippen. Es schien nichts Alltägliches zu geben, das sie nicht mit einem Wort aus dem Alten oder Neuen Testament kommentieren konnten. Wenn das Essen schmeckte, dankte John seinem Gott; er gebe „jedem seine Speise zur rechten Zeit“, sagte er. Wenn ihr irgendetwas gelang, so drückte Linda ihre Freude darüber mit einem euphorischen „Halleluja“ aus. Jesus war für sie der Ur-Hippie schlechthin. Auf dem Land waren sie herzlich willkommen. Auch Sabine mochte sie. Sie war nur etwas beunruhigt, wenn sie Linda oder John mit andern in tiefe Gespräche verwickelt unter einem Baum sitzen sah. Dass auf ihrem Land reihenweise Bekehrungen ausbrachen, wollte sie unbedingt verhindern.

John und Linda begannen zu singen. Christliche Lieder, die sie auch während der Arbeit vor sich hin pfiffen, summten, manchmal aber auch lauthals sangen. Gospels und neuere Lieder. Jetzt stimmten sie „Amazing grace“ an. Lindas Stimme war wunderschön. In dieser Nacht klang sie wie ein Engel:

„Amazing grace how sweet the sound that saved a wretch like me …“

In die zweite Strophe fiel John ein. Nach und nach summten alle mit, die Blicke ins Feuer gerichtet. Nachdem Linda und John sieben Strophen im Duett gesungen hatten, begannen sie noch einmal von vorn. Nun stimmten alle mit ein:

„... I once was lost, but now am found, was blind, but now I see.“

„War ich auch verloren ...bin ich verloren?“, fuhr es Sabine durch den Kopf.

„Oder bin ich gefunden?“

Sie stierte ins Feuer, verwarf aber diese unsinnigen Gedanken schnell und freute sich an der Musik. John und Linda stimmten ein christliches Lied nach dem andern an; die Musiker unter den Hippies sprangen in ihre Hütten und holten ihre Instrumente. Gus spielte auf seinem Wascheimer, aus dem er einen Bass gebastelt hatte und mit dem er schon im „Seagull“ aufgetreten war. Einige spielten Gitarre, andere rasselten mit ihren Löffeln, schlugen die Trommeln. – Ja, sie waren arm auf dem Land, dafür aber kreativ.

„Reich sein ist langweilig“, sagte Sabine und freute sich an ihren Hippies, „man braucht nicht kreativ zu werden.“ Sie beschloss, die schönen Melodien zu genießen und nicht auf die Texte der Lieder zu achten.

Am übernächsten Morgen holten sie die Fragen wieder ein. Am Tag nach der Brandnacht hatte alles noch geglüht, vor allem die dicken Rotholzstümpfe, die direkt neben der Scheune lagen.

Sabine sah die schwarz verkohlten Balken in einem Berg von Asche, aus dem immer noch Rauchschwaden aufstiegen. In der Scheune war das ganze Holz für den Winter eingelagert gewesen. Ihr ehemaliges Zimmer war auch verbrannt. Hier hatte sie anfangs gewohnt, bevor das „Große Haus" fertig war. Gus hatte ihr das Zimmer direkt über dem Ziegenstall ausgebaut. Nur über eine Leiter war es zu erreichen gewesen. Auf dem Bretterboden hatte sie ihren Perserteppich ausgelegt, den sie aus Santa Barbara mitgebracht hatte. Hier hatte sie auch zum ersten Mal LSD genommen, nur einmal, um zu erfahren, was ihre Hippies so faszinierte. Sie hasste die Drogen immer mehr. Sie sah, wie sie die Gemeinschaft auf dem Land zerstörten. Jeder saß in seinem Rausch allein da, isoliert, verschwunden in einer anderen Welt. An einem Abend schafften es aber Steven und Susanne, sie zu überreden. Erst dachte sie: „Das macht mir nichts, ich habe viel zu viel gegessen." Dann aber hatte sie auf einmal losgelacht. Sie hatte die Kontrolle über sich völlig verloren; hatte an all die Dinge gedacht, die ihr Sorgen gemacht hatten – an Fred, an Hans, an ihre kaputte Ehe – aber sie hatte immer nur lachen müssen, immer nur lachen, lachen, lachen ...

In Gedanken versunken stapfte sie über den Schutthaufen. Die ganzen Bücher, die die Studenten mitgebracht hatten, waren verbrannt, Kafka, Camus, Hesse, Marx ... Plötzlich stolperte sie über eine verkohlte Bibel, neben der ein Metallkreuz in der Asche lag. Wer sie in die kleine Scheunenbibliothek gelegt hatte, wusste sie nicht. Sie hob das Kreuz auf und die uralte Bibel, die bei der ersten Berührung zerfiel und ihr wie Staub durch die Finger rieselte. Von einem Windstoß wurde sie über die halbe Lichtung verteilt. Nur einen Fetzen Papier hatte sie noch in der Hand. Auf ihm stand: „Sie sind alle abgewichen und allesamt verdorben. Da ist keiner der Gutes tut, auch nicht einer ..." – Was hatte das zu bedeuten? Gab es eine unsichtbare Welt? Sprach jemand zu ihr? Aber sie tat doch Gutes! Wenn jemand Gutes tat, dann doch wohl sie – sie, die Hippie-Mutter ... Erst jetzt wurde ihr bewusst, dass es der Abend von Halloween war, an dem die

Scheune in Flammen aufgegangen war; der Abend, an dem die Geister durch das Land ziehen, wie man sich erzählte ...

Wenige Tage später löste sich das mysteriöse Rätsel, zumindest die Ursache des Brandes wurde geklärt. Ein Hotel in Fort Bragg brannte. Der Brandstifter wurde von der Polizei noch am Tatort gestellt. Es war einer der Hippies, die in der Nacht, als die Scheune brannte, auch auf Sabines Land zu Gast waren, ein Pyromane, wie sich herausstellte. Dennoch: Die Fragen blieben. Mehr als jemals zuvor fragte Sabine nach dem Sinn ihres Lebens, nach Übersinnlichem. Sie war noch nicht am Ziel, auch das Leben als Hippie-Mutter brachte ihr nicht die letzte Erfüllung, die sie suchte. Sie wollte mehr.

*

Es war der 22. Januar 1971, als Sabine in Los Angeles ein Flugzug bestieg: Direktflug nach Frankfurt. Ihr Ziel lag aber viel weiter im Osten. Sie wollte nach Indien, genauer gesagt, nach Nepal. Vor allem wollte sie erst einmal weg von den Hippies, mit denen sie schon über zwei Jahre zusammenlebte. Sie waren einfach unbelehrbar. Zuletzt hatten sie ihr alle Marmeladenvorräte weggegessen, die sie im Sommer eingemacht hatte. Obwohl sie darauf bestanden hatte, dass die Gläser erst im Winter aufgemacht werden sollten, war bereits im Herbst kein volles Glas mehr da. In diesem Moment hatte sie die Hippies so satt. Zugleich hungerte sie innerlich immer mehr. Wonach sie eigentlich suchte, wusste sie nicht. Aber vielleicht würde sie es in Indien finden.

Dorthin pilgerten Hippies, Studenten und Intellektuelle in Scharen. Inzwischen hatte sie schon einiges über Indien gelesen. In San Francisco hatte sie Ashrams besucht, geistliche Zentren, in denen Gurus ihre Sitzungen abhielten. Dort schien das Leben in Zeitlupe zu verlaufen, es herrschte eine unheimliche, fast magische Atmosphäre. Alle gingen barfuß, glitten sanft über die mit vielen Teppichen und Tüchern belegten Böden. Kein Schritt war zu hören. Wenn sie sprachen, dann nur ganz leise, kaum ganze Sätze, Worte wurden nur gehaucht. Eine faszinierende Ruhe, die von orientalischen Klängen einer Schallplatte im Hintergrund getragen wurde.

Sabine hatte dort bei ihren Besuchen keine besonderen spirituellen Erfahrungen gemacht. Aber ihr waren einige Rückkehrer aus Indien begegnet. Die schienen auch ohne Drogen irgendwie high zu sein, sagten, sie seien erleuchtet worden und hätten die Wahrheit erfahren. – Warum sollte sie das nicht auch versuchen: die Wahrheit zu erfahren? Was hatte sie schon zu verlieren? – Tuptin Yeshi sei ein bekannter und sehr weiser Guru, hatte sie gehört. Ihm wollte sie begegnen. Er lebte in einem Kloster auf einem Berg in der Nähe von Katmandu in Nepal. Eine Isomatte, eine Jutetasche und ein graues Cape, das sie sich selbst aus einer Decke der US-Armee genäht hatte – das war alles, was sie auf ihrer Weltreise bei sich hatte.

Am Frankfurter Flughafen wurde sie von Monique und deren Ehemann, Richard, abgeholt. Schließlich besuchte sie Vater; Mutter war schon vor einigen Jahren gestorben.

„Es ist gut, dass du die Wahrheit suchst", sagte ihr Vater. „Und es ist gut, dass du sie im einfachen Leben suchst."

Damit hatte er ihr seinen Segen für die Weiterreise gegeben. Ihr waghalsiger Trip nach Indien war ihm allemal lieber als ihr Leben in der High Society. Am Bahnhof küsste er sie auf beide Wangen, bevor sie den Zug Richtung Osten bestieg.

Am 29. Januar traf sie in Istanbul ein und fand sich unter Tausenden von Jugendlichen, Studenten und Aussteigern wieder, die alle weiter in den Osten wollten. Obwohl sie genug Geld gehabt hätte, um nach Indien zu fliegen, zog sie wie die andern Pilger aus dem Westen die Reise mit den Autobussen vor. Es erschien ihr natürlicher und für ihr Vorhaben angemessener. Ins Kloster zu fliegen – das wäre ein Widerspruch in sich selbst gewesen. Als sie dann aber in einem der klapprigen Busse saß, die bestimmt noch vor dem zweiten Weltkrieg gebaut worden sein mussten, begann sie ihre Entscheidung doch zu bereuen. Der Busfahrer schien lebensmüde. Anders ließ sich nicht erklären, dass er mit Höchstgeschwindigkeit die Passstraßen hinunterraste und vor jeder Kurve die Bremse nicht finden wollte. Sabine stockte der Atem. In jeder Kurve dachte sie, ihr Herz bleibe stehen. Immer wieder, wenn sie aus dem Fenster den Abhang hinuntersah, entdeckte sie etwa fünfzig oder achtzig Meter tiefer verrostete Wracks alter Autobusse, die offensichtlich die Kurve nicht gekriegt hatten.

„Die erste religiöse Grenzerfahrung habe ich schon hinter mir“, sagte sie erleichtert, als sie am 12. Februar in Teheran ankam. Unterwegs hatte sie sich einer Gruppe von drei Amerikanern angeschlossen, mit denen auch John, ein Kanadier, nach Israel in einen Kibbuz wollte, aber dann doch Sabine bis nach Bombay begleitete.

Dass sie überhaupt in Bombay ankamen, grenzte schon an ein Wunder. Bereits in Karatschi schien ihre Reise beendet zu sein. Ein freundlicher Pakistani hatte Sabines und Johns Geld gestohlen, das sie für die Fähre nach Bombay zurückgelegt hatten. Überhaupt verband sie mit Karatschi nur schreckliche Erinnerungen. Am Straßenrand hatte sie einen Mann sterben sehen. Er hatte in der Gosse gelegen und sich vor Schmerzen gekrümmt. Als sie sich zu ihm hinunterbeugen und ihm helfen wollte, sprangen weiß gekleidete Männer hinter einem Obststand hervor und hielten sie fest. „Nicht anfassen! Nicht anfassen!“, schrien sie, wild gestikulierend. Das sei sein Schicksal, dem man sich nicht in den Weg stellen dürfe.

Widerwillig war sie weitergegangen, zurück in ihr Hotel, in dem ihr dann das Geld entwendet wurde. Hätte ihr nicht ein amerikanisches Ehepaar den Fährpreis bezahlt, wäre sie vielleicht nie nach Indien gekommen.

Am 11. März verließ sie Bombay und fuhr unter sengender

Hitze in hoffnungslos überfüllten Zügen quer durch Indien und erreichte am 23. März völlig erschöpft Patna am Ganges. Dort beschloss sie, die letzten Kilometer bis Katmandu mit dem Flugzeug zurückzulegen. Eigentlich hätte sie ahnen können, dass die indischen Flugzeuge in einem ähnlich vitalen Zustand waren wie die türkischen und persischen Autobusse. In der etwa acht Personen fassenden Maschine stand sie jedenfalls erneut Todesängste aus. Die letzte Strecke, von Katmandu bis zu Tuptin Yeshis Kloster in den Bergen, war freilich die beschwerlichste. Es war nur zu Fuß zu erreichen, auf einer Bergtour, die eine wahre Tortur war.

Als sie die Mauern des Klosters erblickte, war sie sich sicher, all ihre Sünden bereits abgebüßt zu haben. Ein falsches Denken, wie sich noch herausstellen sollte.

April, Mai, Juni – ganze drei Monate verbrachte sie in dem Kloster. Fünf Stunden hatte sie täglich zu meditieren. Sie saß mit der Gruppe von Schülerinnen und Schülern auf dem Boden und versuchte krampfhaft, an nichts zu denken.

„Ihr denkt an nichts, an gar nichts“, hatte der Lehrer immer wieder beschwörend befohlen und hauchte:

„Ihr spürt völlige Leere in euch ... Nichts bewegt euch ... nichts ... nichts ...“

Sabine dachte zunächst an alles Mögliche, nur nicht an nichts. Sie dachte an den sterbenden Mann in Karatschi, an die Autobusse im Abgrund, an ihre Gläser mit Aprikosenmarmelade, die die Hippies geleert hatten, und sie dachte, ganz unvermeidlich, an ihren Rücken und ihren Po, die von Meditation zu Meditation mehr schmerzten. Nach und nach gelang es ihr aber, ihre Gedanken zu zügeln und zumindest an nahezu nichts zu denken ...

Wie alle anderen musste sie immer ganz aufrecht und gerade sitzen. Jedes Mal, wenn ihre Schultern leicht nach vorne fielen und sich ihre Wirbelsäule auch nur etwas krümmte, gab ihr der Lehrer von hinten einen Schubs in den Rücken. Wenn andere aus der Gruppe nach einer Sitzung begeistert von ihren Erlebnissen berichteten, konnte Sabine das beim besten Willen nicht

Schüler von Tuptin Yeshis Kloster in den Bergen über Katmandu

nachvollziehen. So sehr sie sich auch anstrengte, sie machte keine mystische Erfahrung. Von Woche zu Woche wurde sie frustrierter. Nach drei Monaten Meditation, Wasser und Reis reiste sie schließlich ab. Enttäuscht. Der Klosteraufenthalt war ein einziger Flop.

Sie flog von New Delhi über London nach Los Angeles, wo sie am dritten Juli erstmals wieder amerikanischen Boden betrat. Nein, die Wahrheit über ihr Leben hatte sie nicht gefunden. Die gab es wohl gar nicht, die Wahrheit. Und Gott? Den gab es wohl auch nicht. Schließlich war sie um die ganze Welt gereist, um ihn zu erfahren.

„Was bist du für eine verrückte Frau?“, klagte sie sich an: „Werd jetzt endlich normal!“

Sie dachte daran, das Land zu verkaufen und nach Kanada zu

ziehen – in die Einsamkeit. Die Probleme der Welt konnte sie auch nicht aus der Welt schaffen. So wenig sie dem Sterbenden in Karatschi helfen konnte, würde sie den Hippies helfen können. – Doch als sie nach einem knappen halben Jahr wieder das Land betrat, wurde sie unerwartet herzlich empfangen. Nicht eine oder einer der Hippies, die sie nicht in den Arm genommen und fast erdrückt hätten ... nein, sie würde wohl doch nicht weggehen, jedenfalls nicht sofort.

*

Zu ihrem Entsetzen stellte Sabine fest: Während ihrer Abwesenheit hatte sich auf dem Land einiges verändert. Um Gus etwa war es vollends geschehen. Er hatte sich, wie er sagte, bekehrt. John und Linda hatten ihm offensichtlich den Rest gegeben. Er schwärmte von Jesus und hatte wie John ständig Bibelverse auf den Lippen. Auch einige andere waren inzwischen jesusbegeistert. Mary aber hatte Gus verlassen. Nicht jedoch, weil er sich zu den Jesus-Leuten zählte, sondern weil er im Lighthouse in Eureka, einer christlichen Kommune, ein anderes Mädchen kennen gelernt und mit ihr geschlafen hatte.

„Schöne Bekehrung", stellte ihn Sabine zur Rede, „du redest von den Sünden anderer Leute, aber selber betrügst du deine Frau, mit der du eine Tochter hast."

„Du hast Recht", sagte Gus beschämt, „das ist nicht recht. Ich bin immer noch voller Sünde, aber auch du bist nicht frei davon, Sabine. Du musst Gott um Vergebung bitten."

„Sünden, Sünden, Sünden ... kannst du von nichts anderem reden?"

Gus war Feuer und Flamme für seinen neuen Glauben. Endlich sei er wirklich frei geworden. Aber sein Verhalten passte einfach nicht zu seinen Worten: Wie konnte er von Liebe reden und von Treue, aber selbst seiner Frau untreu werden? Überhaupt war Gus immer begeistert für das, was er gerade tat; aber bei nichts und niemandem blieb er. In seinem Leben war –

wie in dem der meisten Hippies – wenig Beständiges, kaum Verlässliches. Sabine war überzeugt davon, dass auch dieser christliche Trip bald beendet sein würde. Trotzdem ärgerte sie sich gewaltig über die Bibel-Euphorie. Besonders über das ständige Gerede von Schuld, Vergebung und Neuanfang.

Sabine zog zu Beginn des folgenden Frühjahrs in ein neues Häuschen ein. Die Hippies hatten es ganz am Rand der Lichtung gebaut, extra für sie. Es sollte vom Fundament bis zum Dach nur aus Holz bestehen und ganz ohne Metall gezimmert werden. Nicht einmal Nägel schlugen sie durch die Bretter. Sie nannten ihr stolzes Werk „Woodbutcher“ und übergaben es Sabine, die voller Freude einzog und nun ein Häuschen für sich alleine hatte.

Inzwischen lebten etwa fünfzig Leute auf dem Land. Einer von ihnen war Tommy, auch einer der Christen. Er war beim Lesen der Bibel zum Glauben an Jesus gekommen, wie er sagte. Immer wieder hatte er sich in den Wald gesetzt, um die Bibel zu lesen und darin Widersprüche aufzuspüren. Er wollte den Schwärmern aus den christlichen Kommunen nüchterne Argumente entgegenhalten.

„Aber die Bibel hat mich überwältigt“, bekannte er schließlich und kaufte sich eine eigene große schwarze Bibel.

„Es ist die Wahrheit, Sabine. Es ist die Wahrheit“, beteuerte er mit strahlenden Augen.

„Oh Tommy, dass du nun auch so verrückt wirst“, seufzte Sabine.

„Aber Sabine, kennst du die Bibel überhaupt?“, fragte er freundlich.

„Nein“, gestand sie, „eigentlich kenne ich sie nicht. Ich verstehe so vieles nicht.“

„Darf ich sie dir erklären?“

Tommy war ein schlauer Kopf. Das wusste Sabine. Sie schätzte seinen Scharfsinn, seine klaren Gedanken und schlüssigen Argumente. Nicht umsonst besuchte er das College, er wollte Lehrer werden und war bestimmt bestens für diesen

Beruf geeignet. Zugleich fürchtete sie, seinen Argumenten nichts entgegensetzen zu können. Andererseits konnte es nicht schaden, mehr über die Bibel zu erfahren ...

„Also gut, erzähl mir was über die Bibel“, willigte sie ein, fügte aber rasch hinzu: „Aber versuch nicht, mich zu bekehren!“

Sieben Tage lang trafen sie sich jeden Nachmittag. Im „Woodbutcher“ saßen sie auf dem Boden und lasen in der Bibel.

„Die Bibel ist das Wort Gottes“, begann er, „sie zeigt uns den Weg zu Gott.“

„Den Weg zu Gott? Wenn es ihn überhaupt gibt, dann gibt es viele Wege zu ihm“, antwortete Sabine etwas trotzig und rückte das Kissen zurecht, auf dem sie im Schneidersitz saß.

Ob es Gott gibt – seit ihrer Indienreise erschien ihr das fraglicher als jemals zuvor. Wenn er aber existierte, dann sicher nicht nur als Gott der Bibel. Ein Fünkchen Wahrheit steckte doch in allen Religionen, oder etwa nicht?

Tommy antwortete nicht sofort. Er wollte Sabine nicht überreden, nicht einmal mit Argumenten überzeugen – nur erzählen, was sein Herz erfüllte. Eine Weile blickte er schweigend aus dem Fenster. Zwischen den mächtigen Ästen der Rotholzbäume hindurch sah er, wie ein kräftiger Wind Schäfchenwolken über den Himmel jagte. Dann blätterte er in seiner monumentalen Bibel. Als er die gesuchte Stelle gefunden hatte, blickte er kurz zu Sabine auf: Jesus selbst sei die Wahrheit, sagte er, die Wahrheit in Person. – Sabine wurde wütend. Sie wusste nicht, über wen sie sich mehr ärgerte: über Tommy und seinen Eifer oder über Jesus mit seinem gewaltigen Anspruch.

Wenn Jesus von Nächstenliebe sprach, gefiel ihr das. Die Bergpredigt fand sie großartig, vor allem die Bibelstellen, die zum Frieden aufriefen. Auch den zehn Geboten konnte sie einiges abgewinnen:

„Ohne diese Gebote können wir wohl nicht leben, vor allem nicht mit anderen zusammen. Stehlen, zum Beispiel, muss

Sabines „Woodbutcher"-Haus auf „The Land" nahe Mendocino

verboten sein", gab sie zu und dachte dabei an ihre Aprikosenmarmelade. – Aber dass alle anderen Religionen Irrwege sein sollen und Jesus der einzige Weg zu Gott, das war doch intolerant.

„Wie will Jesus das begründen?", fragte sie fast vorwurfsvoll.

„Er begründet es gar nicht, zumindest nicht mit Worten", antwortete Tommy gelassen. Er machte wieder eine seiner Pausen und schaute zum Fenster hinaus. Jesus habe seinen Anspruch nicht einfach erhoben, sondern vorgelebt, sagte er schließlich, bis zu seinem Tod am Kreuz. Da sei er „für uns" gestorben. – Nein, er verstehe das auch nicht, aber tief in seinem Herzen glaube er es fest:

„Letztlich ist das ein großes Geheimnis."

Sabine antwortete nichts. Für einige Momente standen Tommys Worte im Raum. Er stand auf und begann auf- und abzugehen. Die Dielen des Fußbodens knarzten bei jedem seiner Schritte. Plötzlich blieb er stehen, kniete sich neben Sabine. Sie sah das Kreuz auf seiner Bibel, die er in der Hand hielt. Leise sagte er: „Sabine, weißt du, was die größte Liebe ist? Niemand liebt mehr als der, der sein Leben für seine Freunde gibt. So steht das im Neuen Testament: Johannes 15, Vers 13."

Ob sie seine Worte wirklich verstanden hatte, bezweifelte sie. Aber sie spürte: Alles entschied sich an dem Kreuz. War dort wirklich Gottes Sohn für sie gestorben ... als ein Freund? Hatte er wirklich alles aufgegeben ... aus Liebe?

Entweder war das gelogen, dann konnte sie das mit diesem Jesus getrost vergessen. Oder es war die Wahrheit, dann konnte sie nicht weiterleben wie bisher; denn dann betraf es auch ihr Leben. Aber einfach gleichgültig sein, das ging nicht. – Am liebsten hätte sie die Bibel, die Tommy ihr dagelassen hatte, ins Feuer geworfen. Aber ... sie konnte es einfach nicht.

Sie hatte schon Feuer gefangen.

Es waren die sieben unruhigsten Tage in ihrem Leben. Nachts wälzte sie sich in ihrem Bett und konnte nicht schlafen. Den Tag über konnte sie sich nicht auf ihre Arbeit konzentrieren, ging auf und ab, immer wieder das Kreuz vor Augen. Tommys Worte klangen in ihr nach:

„Niemand liebt mehr als der, der sein Leben für seine Freunde gibt ..."

Bei ihrem siebten Treffen sprachen sie nicht viel. Sie saßen wieder vor dem Fenster auf dem Boden. Tommy sagte nur einen Satz, eigentlich eher beiläufig, aber er traf sie wie ein Blitz: „Sabine, du bist im Dunkeln."

Das war doch eine Beleidigung! Was erlaubte er sich?

Tommy war sechsundzwanzig Jahre alt, sie dagegen sechsundvierzig, sie hätte seine Mutter sein können:

„Tommy, schau mir in die Augen, und sag das noch mal!“, forderte sie ihn heraus und hoffte, er würde es zurücknehmen oder zumindest abschwächen.

„Du bist im Dunkeln, Sabine“, sagte er noch einmal, ruhig, aber bestimmt und schaute sie dabei an. Sie empfand große Klarheit in ihm und in dem, was er sagte.

Im selben Moment schossen ihr Tränen in die Augen. Mit einem Schlag wurde ihr bewusst, wie Recht er hatte. Die ganze Zeit über hatte sie sich geziert und gewunden, hatte gekämpft gegen jenen Mann am Kreuz.

„Er ist für dich gestorben, Sabine. Gott gibt alles, Gott gibt sich selbst. Für dich. Ohne Wenn und Aber. Du darfst leben.“

Tommys Stimme klang sanft. Diese Worte gingen ihr näher als alles andere, was sie jemals gehört hatte.

Die rückhaltlose Liebe Gottes, von der er sprach, ergriff sie mehr und mehr. Tief in ihrem Inneren war sie so berührt, dass keine Sprache dieser Welt hätte in Worte fassen können, was sie in diesem Moment empfand. Sie konnte nur weinen, und zum ersten Mal in ihrem Leben betete sie; ihr Herz öffnete sich wie ein Schleusentor:

„Mein Gott. Mein Gott“, brach es schluchzend aus ihr heraus. Sie hielt sich die Hände vors Gesicht.

Es war, als würde alles abfließen, was sie so lange in sich eingeschlossen hatte: Die rastlose Ungeduld, die sie von einem Ort zum andern getrieben hatte. Die fast zwanghafte, aber aussichtslose Suche nach einem erfüllten Leben. Aber auch die Schuld, die sich über die Jahre angestaut hatte. – Plötzlich konnte sie all das loslassen, woran sie sich ein Leben lang geklammert hatte, ohne wirklichen Halt zu finden. Ihr war, als schwemmten ihre Tränen all das fort. Tief in ihrem Herzen begann sie sich zum ersten Mal wirklich frei zu fühlen. Und ein Friede zog ein, den sie vorher nicht gekannt hatte.

Eine Weile saßen beide mit geschlossenen Augen da. „Gott gibt alles für mich – ohne Wenn und Aber“, ging es ihr durch den Kopf. Sie spürte, wie sie mehr und mehr ergriffen wurde. Eine Liebe aus einer anderen Welt nahm sie in Besitz. Und sie spürte tiefe Ehrfurcht vor Gott.

Bevor sie „Amen“ sagte und ihr Gebet beendete, gab sie Gott noch ein Versprechen:

„... und ganz gleich, was ich tun muss: Ich will dir total dienen – ohne Wenn und Aber.“

Ohne es jetzt schon zu ahnen, hatte sie damit das Programm formuliert, das ihr Leben von nun an bestimmen sollte. Und das sollte spannender werden, als sie es sich in diesem Augenblick hätte vorstellen können.

*

War jener Nachmittag im April 1972 nur ein neuer Trip nach vielen anderen? Schwamm sie jetzt auf der Jesus-Welle, wie sie früher einmal auf der High Society-Welle geritten war oder auf der Fritz-Perls- oder der Indien-Welle? Sie wusste: Es war anders. Ganz anders. Sie war ein neuer Mensch geworden. Nichts hatte sie so tief getroffen wie die Begegnung mit Jesus Christus, dem Mann am Kreuz, dem Freund.

Wieder liefen ihr Tränen über die Wangen. Sie konnte sich nicht erinnern, jemals so erfüllt gewesen zu sein.

„Du kannst dich ganz auf Gott verlassen. Er ist derselbe, heute und für alle Zeit.“ Jims Worte klangen in ihr nach. „Gott ist zuverlässig. Ganz anders als Menschen es sind, ja sein können“, hatte er erklärt.

Aber Letzteres musste man ihr nicht erklären. Das hatte sie zur Genüge erlebt.

Jim Dirken kam von nun an öfter auf das Land. Er war ein Gemeindeleiter aus Eureka und hielt Bibelstunden im „Großen Haus“. Auch Pfarrer aus Mendocino waren nun regelmäßig zu Gast und luden die Hippies zu Gesprächen ein.

Sabine spürte einen tiefen Frieden in ihr Herz strömen. Gelassenheit trotz allen Turbulenzen ihres Lebens. Ihre Augen hielt sie geschlossen, ihre Hände umklammerten Jims Hände, die ihrerseits eine Bibel umklammerten. Sie schlug ihre Lider wieder auf: „Ich bin so ruhig, Jim." Sie saßen auf einem der mächtigen Rotholzstümpfe.

„Unruhig ist unser Herz, bis es Ruhe findet in dir. – Das hat vor über tausend Jahren Augustin gebetet, nachdem er sich bekehrt hatte. Du hast dieselbe Ruhe gefunden wie er: Ruhe in Jesus Christus."

„Weißt du: Zum ersten Mal in meinem Leben habe ich das Gefühl, dass ich angekommen bin. Dass ich gefunden habe, was ich immer woanders gesucht habe ...", sie rang nach Worten, „... ich bin zu Hause."

Seit sie das Haus ihrer Eltern in Königsberg verlassen hatte, war ihr dieser Satz nicht mehr über die Lippen gekommen. Seither hatte sie ihre Sehnsucht immer weiter, immer vorwärts getrieben. Sie wollte mehr, immer mehr. Mehr als Millionen von Dollars. Mehr als ein genügsames Leben im eigenen Haus. Mehr als eine religiöse Erfahrung und mehr als Ideale, die doch nur Illusionen waren. Hatte sie nun mehr gefunden? Nein, es war nicht nur mehr. Es war etwas ganz Neues, etwas ganz Anderes, was sie nun gefunden hatte, etwas unvergleichbar Größeres: Gott. Und in ihm fand sie sich selbst.

Immer wieder schlug ihr das Herz bis zum Hals, wenn Jim die Bibel auslegte. Wenn er von Saulus erzählte, dem Mörder, der im Auftrag der jüdischen Pharisäer Christen verfolgt und umgebracht hatte, aber dann selbst Jesus begegnet war. Oder von Martha, die immer fleißig war, arbeitete und schuftete, aber dabei das Wichtigste versäumte: auf Jesus zu hören. Marthas Schwester Maria solle unser Vorbild sein, hatte Jim gesagt.

Sabine wurde es heiß und kalt. Mit einem Mal war ihr klar: Sie selbst hatte Schuld an ihrer Scheidung. Sie hatte immer die gute, die perfekte Frau sein wollen. Sie hatte Cliff beschämt, ihn verachtet, ihn ihre Verachtung spüren lassen und ihn immer weiter in den Alkohol getrieben.

„Für alles ist Jesus gestorben. Für all das, was wir nicht mehr gutmachen können", hatte Jim gepredigt. Aber so gewiss sie war, dass Jesus ihr vergeben hatte, so sicher wusste sie: Sie musste Cliff um Verzeihung bitten.

Aber was sollte sie tun: Anrufen? Nein, das wäre viel zu unpersönlich. Schreiben? Aber auch das erschien ihr zu distanziert. Es gab nur einen Weg: Sie musste zu ihm.

Fünfhundert Dollar hatte sie noch auf der Bank. Ihr letztes Geld investierte sie in die Tickets und flog nach Miami.

Cliff war längst wieder verheiratet. Als Sabine ihren Besuch ankündigte, wunderte er sich. Was wollte sie nur? – Geld? Wollte sie zurück zu ihm? Er befürchtete das Schlimmste und nahm sich vor, sie möglichst schnell wieder abzuwimmeln.

Sabine war ziemlich nervös, als sie vor Cliffs Haustür stand. Warum tat sie sich das an? Aber sie hatte keine Wahl, sie musste es tun und klingelte. Cliff öffnete die Tür und bat sie höflich herein. Er war alt geworden und hatte kräftig zugenommen.

Sie saßen im Wohnzimmer. Bei einer Tasse Tee erklärte Sabine, sie habe ein neues Leben begonnen. Sie wolle nun Gott dienen und habe ihn um Vergebung ihrer Schuld gebeten. Und sie sehe jetzt erst, wie groß ihre Schuld sei:

„Verstehst du, Cliff? Ich habe immer dir die Schuld an allem gegeben. Ich ... ich habe dich gehasst. Aber in Wirklichkeit habe ich dir keine Chance gegeben. Im Gegenteil: Ich hab dir alles verbaut – ich hab es dir unmöglich gemacht, mit dem Trinken aufzuhören."

Cliff saß regungslos in seinem Sessel. Offensichtlich wusste er nicht so recht, was er antworten sollte. So brummte er ein nichts sagendes, aber unverfängliches: „Mhm ...".

Ob sie Drogen genommen hatte? Oder einfach durchgedreht war? In religiösen Wahn verfallen? Aber für all das wirkte sie zu vernünftig. Überhaupt machte sie ihm einen ziemlich aufgeräumten Eindruck. Er beschloss, weiter zuzuhören und so zu tun, als erzählte sie von einer irgendeiner interessanten Party.

„Ich hab Gott um Vergebung gebeten. Cliff, vergibst du mir auch?"

„Äh ..., was hast du gesagt?"

„Ob du mir auch vergeben kannst – all das, was ich dir angetan habe."

„Aber ...", er verstand nicht, wovon sie sprach, „also, wenn es dich beruhigt: Ich vergebe dir. Okay?"

„Mir ist das einfach wichtig ... ich musste mit dir darüber reden."

„Schon in Ordnung, das ... verstehe ich", sagte er; aber er hatte wohl nicht wirklich verstanden.

Sabine stand auf und verabschiedete sich. Sie waren nicht in ein auch nur annähernd tiefes Gespräch gekommen, aber sie fühlte sich erleichtert.

*

Wenige Wochen waren vergangen, seit sie Jesus ihren Freund nannte, als sie schlimme Nachrichten aus Deutschland bekam. Vater ginge es nicht gut, erfuhr sie am Telefon. Sein Zustand werde von Stunde zu Stunde schlechter. Der Arzt gebe ihm nur noch wenige Tage. – An diesem Abend suchte Sabine den Kontakt zu den andern Christen auf dem Land. Mit ihnen wollte sie ihre Sorge teilen. Sie trafen sich im „Großen Haus", saßen in einer Runde und beteten. Die ganze Nacht blieben sie beieinander. Stunden später erhielten sie die Todesnachricht: Vater war am frühen Morgen gestorben.

Sabine hatte den Menschen verloren, der ihr Leben wohl am stärksten geprägt hatte. Allzu gerne hätte sie ihren neuen Glauben noch mit ihm geteilt. Doch dazu war es nicht mehr gekommen. Sie fühlte einen stechenden Schmerz, tiefe Trauer. Zugleich war sie entschlossen, ihr Leben von nun an für andere einzusetzen, wie Jesus seines eingesetzt hatte. Nichts füllte sie nun mehr aus als diese Hingabe. Sie wollte ihr Leben geben und andern eine Freundin sein.

*

Auf dem Land änderte sich das Leben nun radikal. Einige hatten wie Sabine ein neues Leben begonnen. Anderen wurde das alltäglich Christliche zu viel: Vor dem Essen wurde gemeinsam gebetet; an mehreren Abenden in der Woche fanden Bibelstunden statt, und es gab kaum mehr einen Nachmittag, an dem nicht aus irgendeinem der kleinen Blockhäuschen und Zelte Loblieder zu hören gewesen wären.

Und die Bibelstunden hatten praktische Auswirkungen in kleinen und großen Dingen des Alltags. Das „Wort Gottes“ überzeugte und veränderte sie mehr und mehr.

„Es ist nichts Schlechtes, dass wir uns schämen, wenn wir nackt sind“, fand Sabine. „Damit zeigt uns Gott, wie wertvoll wir sind. Dass wir Menschen sind und keine Tiere. Dass wir eine Würde haben, die wir schützen sollen.“

Einmal spazierte sie über das Land. Als sie einen der Nackedeis im Gras liegen sah, rief sie: „Hey, Johnny, Gott selbst hat Adam und Eva Kleider gegeben – also zieh dir was an!“

Dabei lachte sie ihn an – und er zog ganz unwillkürlich eine Decke über sich.

Als die Hippies sahen, dass nun tatsächlich Regeln das Leben bestimmten – „Gottes Regeln“, wie Sabine sagte –, verließen einige von ihnen das Land; unter ihnen war auch Cliff Junior, was Sabine besonders schmerzte; er war inzwischen achtzehn Jahre alt. Mit der Lebenswende seiner Mutter konnte er nichts anfangen und zog zusammen mit seiner Freundin in eine Kommune, immerhin ganz in der Nähe.

Auch wenn einige gingen, kamen doch viel mehr Neue dazu. Niemand wurde weggeschickt, auch wenn es mit weit über hundert Leuten reichlich eng wurde. Eines Abends, als alle im „Großen Haus“ versammelt waren, fassten sie einen gemeinsamen Entschluss:

„Wir wollen unser Land nun nicht mehr einfach ‚das Land‘ nennen. Es soll ‚The Lord’s Land‘ heißen, ‚Land des Herrn‘.“

„Halleluja!“ Gus konnte nicht an sich halten. Lautstark bekundete er seine Zustimmung und erntete einige fragende Blicke.

„The Lord's Land"

„Viele von uns haben ihr Leben Gott anvertraut – dann wollen wir auch unser Land Gott anvertrauen", fuhr Sabine fort.

Tags darauf machten sich eine Horde junger Christen daran, ein großes Schild zu schnitzen und zu bemalen, um es an der Einfahrt aufzustellen. In großen Lettern war nun von der Navarro Ridge Road aus zu lesen: „The Lord's Land".

Für Sabine wurde dieser Name zum Programm: Ihr Land, in das sie ihr ganzes Vermögen gesteckt hatte, sollte ganz Gott gehören – nicht nur dem Namen nach. Einige Jahre später würde sie diesen Wunsch schließlich ganz in die Tat umsetzen: 1990 übertrug sie ihren ganzen Besitz einem Verein, der genauso hieß wie das Land: „The Lord's Land". Damit gab sie, buchstäblich in Gottes Namen, alles auf, was sie besaß. Wie sie damals ihren Besitz ganz aus der Hand gab, so hatte sie schon viel früher ihre Zeit und ihre gesamte Lebenskraft Gott zur Verfügung gestellt – eine ziemlich gewagter Schritt, wie sie bald nach ihrer Lebenswende erfahren sollte.

In ihrem Herzen begann ein Feuer zu brennen. „Ich brenne für Jesus", konnte sie sagen und strahlte dabei über das ganze Gesicht. In Gedanken versunken ging sie an einem Nachmittag über die Lichtung und sprach leise mit sich selber:

„Ich kenne Jesus und weiß, dass ich gerettet bin. Aber so viele wissen es nicht."

In dieser Zeit gewöhnte sie sich an, mitten im Reden mit Beten zu beginnen. Und das nicht nur, wenn sie mit sich selbst sprach. Es kam vor, dass sich irgendjemand mit ihr über das schöne Wetter in Kalifornien unterhielt, und sie begann urplötzlich, Gott dafür zu danken oder aber ihn um Regen zu bitten, damit das Gemüse im Garten nicht vertrocknete. – So betete sie auch an jenem Nachmittag auf der Wiese: „Herr, sie haben keine Ahnung, dass es dich gibt, dass du sie liebst."

Plötzlich dachte sie an San Francisco, an den Tag, an dem sie zum ersten Mal nach Haight Ashbury gefahren war, an die Drogenabhängigen am Straßenrand. Auf einmal sah sie auch wieder den sterbenden Mann aus Karatschi vor sich.

„Wer erzählt den Menschen in der Gosse von dir. Wer beugt sich zu ihnen hinunter ... oh, mein Gott ... nein, ich kann das nicht... ich will das nicht..."

Ihr war, als hätte sie Gott an diesem Nachmittag berufen, in die Slums einer Großstadt zu gehen. Zunächst wollte sie die Gedanken einfach vergessen – sie konnte den Gestank dieser Viertel förmlich riechen. Doch dann erfuhr sie am selben Abend: Tommy fahre mit einer Gruppe der Jesus-People aus Eureka nach New York. Sie wollten dort einen großen missionarischen Einsatz machen. Sabine wusste sofort: Dort war ihr Platz.

„Brooklyn, ich komme."

Sie überließ das Land seinem Eigentümer. Die Arbeit dort lief auch ohne sie. Die Hütten hatten offene Türen. Viele Studenten und Jugendliche, Hippies und sonstige Aussteiger kamen vorbei und wurden aufgenommen. Wenigstens für ein paar Wochen fanden sie hier ein Dach über dem Kopf, etwas zu essen, und sie hörten von Jesus, seiner Freundschaft, seinem Tod am Kreuz und dem neuen Leben, das er gab. Etliche kamen zum Glauben. Manche fielen nach Jahren wieder in ihr altes Leben zurück, griffen wieder zu Alkohol, LSD und Haschisch. Viele aber blieben dabei und trieben die Arbeit voran – die geistliche Arbeit genauso wie die handwerkliche und die Arbeit im Garten, in dem freilich längst kein Marihuana mehr angebaut wurde, wie in den Anfangszeiten des Landes.

Es war im Oktober 1973, als Sabine nach Eureka zog, um sich auf die Reise nach New York vorzubereiten. Dort lernte sie etwas Spanisch, da sie vorhatten, in spanischen Vierteln zu arbeiten. Inzwischen hatte sie erlebt, wie auch ihre alte Freundin aus Miami und Santa Barbara, Donna Freeman, zum Glauben gekommen war. In Miami hatte sie Donna wieder getroffen, als sie Cliff besucht und ihn um Vergebung gebeten hatte. Seit sie von Santa Barbara weggezogen war, hatte sie nichts mehr von ihr gehört. Als sie sie wieder gesehen hatte, war sie erschüttert gewesen: Donna war zur Alkoholikerin geworden, von Tabletten abhängig und psychisch total am Ende. Aber sie war zum Glauben gekommen und hatte ihre Sucht mit einer neuen inneren Stärke überwinden können. Viele hatten für sie gebetet, etwa der Leiter ihrer lutherischen Gemeinde Pastor Fullilove – er hieß wirklich so. Die Begegnung mit Donna machte Sabine richtig Mut. Sie sah: Es gab keine aussichtslosen Fälle. Egal wie tief jemand auch gesunken war – Gott konnte jedes Leben neu machen.

Von nun an wollte sie ganz im Glauben leben, in allem nur noch auf Gott vertrauen, sogar in Fragen des Geldes. Deshalb lehnte sie den Scheck ab, den ihr Cliff Monat für Monat aus

Miami zuschickte. Sie wollte keine Alimente mehr bekommen. Niemals zuvor hatte sie sich so frei gefühlt. Nun war sie innerlich so gelassen, dass sie finanzielle Sicherheiten aufgeben konnte.

„Gott wird für mich sorgen", schrieb sie Cliff. Der fragte nicht weiter nach und stellte die Zahlungen ein.

Zwei Wochen später war es, als belohnte Gott ihr Vertrauen. Eine große Holz-Firma machte ihr ein sensationelles Angebot: Achtzigtausend Dollar würden sie für die bewaldeten Hänge ihres Grundes bezahlen. Das war mehr als das Doppelte der Summe, die sie für das ganze Land bezahlt hatte. Zudem war der Wald für sie ohnehin nutzlos: Das Gelände war so steil, dass sie dort niemals bauen konnten. Die Lichtung und etwas Wald drum herum würde sie behalten können, immerhin noch gute elf Hektar. Nach einigen Beratungen und vielen Gebeten sagte sie zu. Den Gewinn investierte sie in den Bau der Häuser auf dem Land – und an der Ostküste des Kontinents, in New York.

Im Frühjahr des folgenden Jahres fuhren sie nach Brooklyn. Zusammen waren sie zweiundzwanzig Leute. Eine Woche brauchten sie mit ihren alten Autos für die rund dreitausend Meilen. Kaum angekommen, mieteten sie ein Haus für fünfhundert Dollar im Monat, einen halben Block entfernt vom Drogenzentrum der Stadt. Sabine teilte sich ihr Zimmer mit ehemaligen Prostituierten aus Eureka, bald kam eine dritte Frau dazu: Mary, ein junges hübsches Mädchen. Sie war von ihren Eltern weggelaufen direkt in die Arme eines Zuhälters. Die Brüder der Wohngemeinschaft hatten sie mitten in der Nacht weinend auf einer Parkbank getroffen, und sie sorgten dafür, dass der Zuhälter Mary ziehen ließ.

Bald hatten alle einen Job gefunden. Zusammen mit Sabine arbeitete Mary als Putzfrau, wohnte mit ihr in einem Zimmer und kam nach langen Gesprächen schließlich zum Glauben an Jesus Christus. Sicher nicht, weil Sabine oder die andern im Haus so überzeugend gewesen wären. Nein, sie machte dieselbe Erfahrung wie Sabine: Ihr öffneten sich die Augen für Jesus.

Sabine (2. von oben rechts) mit Freunden in Brooklyn 1973/74

Mit einem Mal konnte sie es glauben: „Er ist der Sohn Gottes, und er bietet mir seine Freundschaft an und ist für mich gestorben." Sabine kniete neben ihr auf dem Fußboden und dankte Gott für dieses Wunder.

Der Krankenwagen fuhr rund um die Uhr unzählige Male an ihrem Haus vorbei. Die Polizei hatte ständig in ihrer Straße zu tun. Die Kriminalitätsrate in ihrer Wohngegend war enorm. Einmal wurde sogar ein junger Mann direkt vor ihrer Haustür ermordet. Außerdem wurde oft eingebrochen, auch in ihrem Haus, obwohl es dort nicht viel zu holen gab. Einer der Männer, Thomas, stellte einen Einbrecher; noch bevor dieser fliehen konnte, bot er ihm Kaffee und Kuchen an. Ehe sich der Gangster versah, hatte er einen Keks in der Hand und zog schließlich – zwar mit leeren Händen, dafür aber mit einem vollen Magen – ziemlich verwirrt von dannen. Ob er sich später noch änderte, „das weiß allein Gott", sagte Thomas von diesem Tag an jedem, dem er diese Geschichte nicht ganz ohne Stolz erzählte.

Einmal in der Woche luden sie die Junkies des Viertels in eine nahe gelegene Halle zum Essen ein. Sabine entdeckte in diesen Monaten aber auch ihr Herz für Straßenkinder. Besonders hatte es ihr Cooky angetan. Sie war vierzehn Jahre alt und so etwas wie die Leiterin einer Straßenbande. Sie dealte mit Hasch, LSD und anderem Zeug; stammte aus einer portugiesischen Familie mit sieben Kindern, wenig Geld und keinem Vater. Cooky war ein aufgedrehtes quirliges Mädchen mit großen runden Kulleraugen; Sabine hatte sie sofort ins Herz geschlossen. Sie besuchte sie immer wieder, sprach mit ihrer Mutter, half ihr im Haushalt.

„Ich habe ihnen einfach gedient", wird sie später darüber berichten. – Manchmal ließ sich das Evangelium besser mit einem Eimer Wasser und einem Putzlappen verkünden, als mit vielen Worten. Diese Erfahrung bestimmte nun den Dienst der ehemaligen Millionärin.

Nach einem guten Jahr verließ Sabine Ende 1975 die Arbeit in Brooklyn und kehrte wieder nach Kalifornien zurück. So wie die Arbeit auf dem Land ohne sie weitergegangen war, würde Gott auch in Brooklyn weiterarbeiten. Mit den Eindrücken aus New York kam sie zurück auf „The Lord's Land" – und hatte eine neue Last auf dem Herzen: Sie war vielen Mädchen begegnet, die am Ende waren: misshandelt, missbraucht und benutzt. Für sie gab es so gut wie keine Zukunft. Sie mussten unbedingt raus aus den Städten, weg von den Männern, die sie zum Teil wie Gefangene hielten. – 1976 eröffnete Sabine im „Großen Haus", das dank des Landverkaufs gut hergerichtet worden war, ein „Schwesternhaus" – spontan hatte sie es so genannt, da hier nur noch Frauen zusammenwohnten. Das „Schwesternhaus" war bald weit über Mendocino hinaus bekannt.

Ein Jahr lang lebte Sabine dort mit acht Frauen und mehreren Kindern zusammen. Darunter war Colette, eine Belgierin, die von ihrem Mann geschlagen und misshandelt worden war, schließlich aber mit ihren drei Kindern, einem zwölfjährigen Jungen und zwei jüngeren Mädchen, zu ihnen auf das Land geflohen war. Auch Isabelle gehörte zu Sabines neuer Familie: Ihre uneheliche Tochter war vier Jahre alt, deren Vater aber saß nach einem Bankraub im Gefängnis. Eine andere Frau wurde von allen Peggy genannt; auch sie war von ihrem Mann misshandelt worden. Sie kam mit zwei kleinen Töchtern.

Alle teilten denselben Tagesablauf. Morgens um sieben rief Sabine: „Schwestern, aufstehen!"

Dann räkelten sich alle aus ihren Schlafsäcken, versammelten sich für eine gute halbe Stunde um den Holzofen und beteten. Obwohl die meisten es nicht gewohnt waren, begannen sie bald, frei heraus Gott das zu sagen, was sie auf dem Herzen hatten. Zwischendurch lasen sie sich gegenseitig einige Verse aus der Bibel vor. Danach wurde gearbeitet. Handarbeiten, im Garten, Einkäufe wurden erledigt. Die Frauen und Mädchen wurden hineingenommen in ein geregeltes, gemeinsames Leben. Für die meisten waren es die ersten Schritte, wieder selbständig ein geordnetes Leben führen zu können.

„Wir wollen nach Gottes Regeln leben", sagte Sabine immer wieder. Und gemeinsam mit ihren „Schwestern" erfuhr sie, wie Gott ihre Gemeinschaft segnete. Nach einem Jahr fanden Colette und Isabelle Arbeit und eine Wohnung; zudem war Isabelles Mann aus dem Gefängnis entlassen worden. Sie brauchten das Schwesternhaus nun nicht mehr und zogen aus – mit neuer Energie, den Alltag zu meistern. Und seit langer Zeit zum ersten Mal wieder mit Energie, sich für andere einzusetzen.

Für Sabine war eine Aufgabe zu Ende, und eine neue begann. Ab 1977 begleitete sie knapp drei Jahre lang sterbende Menschen. Es war, als berufe sie Gott immer wieder in eine neue Aufgabe. Meist tat er es auf ganz menschlichen Wegen:

Ein Pfarrer aus Mendocino rief just an jenem Abend an, an dem die letzten Frauen aus dem „Schwesternhaus“ das Land verlassen hatten. Er fragte: „Gibt es bei euch auf dem Land jemanden, der einen alten Mann pflegen könnte?“

Sabine lachte nur in den Hörer:

„Ja, das bin ich. Wann soll ich anfangen?“

Wozu lange überlegen, wenn Gott sie brauchte?, so Sabine: „Glauben, das heißt, Gottes Stimme zu hören und ihr zu folgen.“

*

Es war im Jahr 1980, als Sabine von einer neuen Sehnsucht gepackt wurde. Sie wollte zurück nach Deutschland, wenigstens für eine gewisse Zeit. Was war aus ihrer alten Heimat geworden? War Gott auch dort am Wirken? Sie nahm sich vor, alte Bekannte zu besuchen und irgendwo eine Arbeit als Haushälterin aufzunehmen. Dafür war sie sich nicht zu schade. Ihr Glaube verlieh ihr eine so tiefe Würde, dass sie sich um gesellschaftliches Ansehen nicht mehr kümmerte.

Sie war bereit, alles herzugeben – so wie Gott auch für sie alles hergegeben hatte. „Gott ist bei den Demütigen“ – tief in ihrem Innern war sie davon überzeugt. Längst wollte sie nicht mehr nach oben, wie sie es früher immer erstrebt hatte. Inzwischen hatte Gott ihr gezeigt: „Mein Oben kann auch unten sein.“

Kaum hatte Sabine wieder deutschen Boden unter den Füßen, wurde sie von Monique am Frankfurter Flughafen umarmt. Gemeinsam fuhren sie zu Arvid, einem jener ehemaligen Studenten, die bei Sabine in Santa Barbara ein- und ausgegangen waren; inzwischen war er ein angesehener Computerspezialist. Er hatte ein paar Stockwerke über seiner Wohnung extra ein Zimmer für Sabine gemietet. Von dort aus sollte sie fürs Erste ihren Aufenthalt in Deutschland planen und nach einer Anstellung als Haushaltshilfe suchen. Mit

Monique saß sie in einem Café und erzählte von ihren Plänen: „Ich mach gerne alles, was anfällt: Kochen, Waschen, Einkaufen, Putzen, Pflegen ...", lachte Sabine.

„Frau von Stein sucht eine Hilfe für ihre kranke Mutter. Das wäre doch was ...", schlug Monique vor.

„Von Stein ... den Namen kenn ich doch – ach, ich weiß: der Geburtstag!"

„Jaja, ich entsinne mich – inzwischen sind sie eben auch älter geworden. Frau von Stein kann dich ja mal bei Arvid anrufen."

Sabine lehnte in einem Sessel in Arvids Wohnzimmer. Sie unterhielten sich prächtig über alte Zeiten, als das Telefon läutete. Arvid griff zielsicher zum Hörer, obwohl er schon zwei Cocktails getrunken hatte:

„Wie bitte ... von Stein ... ja, die ist hier ... bestimmt kann sie vorbeikommen ..."

Er machte keine Anstalten, ihr den Hörer zu geben.

„Wo wohnen Sie denn? ... Ach nee, das ist ja die Parallelstraße ... Das muss ja direkt hinter unserem Haus sein ... Der Kastanienbaum!"

Er warf den Hörer auf die Gabel und rief zu Sabine: „Komm, schnell!"

Sabine hatte ihm vor Jahren von einem besonderen Erlebnis erzählt, in dem ein Kastanienbaum eine entscheidende Rolle gespielt hatte. Sie sprang von ihrem Sessel auf und folgte ihm in die Küche. Durch das Fenster blickten sie in einen Innenhof, in dem ein mächtiger Kastanienbaum in voller Blüte stand.

„Mein Gott!"

„Ich hatte ja keine Ahnung, dass der Kastanienbaum hinter meiner Wohnung ...", stammelte Arvid, „... dass das *dein* Kastanienbaum ist."

Sabine stand wie angewurzelt. Sie stand vor dem Kastanienbaum, der sie schon vor Jahrzehnten fasziniert hatte. Gegenüber konnte sie das Fenster sehen, an dem sie einst ihr Gelübde abgelegt hatte: in der Galeriewohnung, in der damals der Geburtstag des Herrn von Stein gefeiert worden war. Und nun wohnte Arvid in dem Haus, das sich mit dem der von Steins den Innenhof teilte.

„Was, wenn ich die Erfüllung meines Lebens als Waschfrau finden sollte?" So hatte sie sich damals gefragt. Und sie hatte sich geschworen: „Doch! Wenn ich das volle Leben als Waschfrau finde, dann will ich als Waschfrau leben."

Jetzt stand sie, über fünfundzwanzig Jahre danach, wieder vor diesem Kastanienbaum – und suchte eine Stelle als Haushälterin.

Am Abend war Sabine immer noch ganz überwältigt und betete: „Mein Gott, nun sehe ich deine Handschrift in meinem Leben ... danke ..."

Zehn Monate arbeitete sie in einem Haushalt, allerdings doch nicht in Frankfurt, sondern in München, wo sie bei Freunden wohnte. Dort hatte sie sich einer Gemeinde angeschlossen, besuchte Alte und Kranke in Heimen. Ihre Arbeit füllte sie aus; sie war so zufrieden und innerlich ausgeglichen, wie sie es in ihren Jahren als eine der wohlhabendsten Ladys von Miami nie gewesen war. 1981 fuhr sie mit dem Zug nach Berlin, zum ersten Mal durch die DDR. Von uniformierten Beamten wurde sie mehrmals kontrolliert – in einer Gründlichkeit, die sie unwillkürlich an die Gestapo der Nazis erinnerte.

Als sie aus dem Fenster schaute, sah sie alte, verwahrloste Häuser, alles grau in grau, zerfallen – ein trostloses Bild. Die Menschen dort schienen ein einfaches Leben zu führen. Vom Luxus des Westens war jedenfalls nichts zu sehen. Und sie wusste auch: Der Osten Deutschlands war zu einem Land geworden, wo von Gott nicht viel zu sehen war. Oft hatte sie gehört, die SED-Regierung mache den Christen das Leben sehr schwer. Zugleich gefiel ihr das vermeintlich einfache Leben. Hier mussten sich die Menschen doch gegenseitig helfen, und es schien, als hätten sie hier mehr Zeit füreinander. „Herr, schick mich doch hierher in die DDR!", betete sie leise während der Zugfahrt. – Als sie einige Wochen später zurück

Sabine 1992 – Abschied von „The Lord's Land" und Aufbruch nach Dresden

nach Kalifornien flog, ahnte sie noch nicht, wie Gott dieses Gebet erhören würde.

*

„Scheiß Amis! Scheiß Welt! Scheiß Leben!" Es war ein trüber, wolkenverhangener Tag, an dem Sabine 1992 bei einem weiteren Deutschlandbesuch durch die Straßen von Dresden ging und diesen Satz las. Vor einem der zahllosen alten Gemäuer blieb sie stehen. Die Wände waren wie die der ganzen Straße mit Graffitis beschmiert, in denen Jugendliche ihre Seele an die Häuser sprühten. Eine Salve der Hoffnungslosigkeit traf Sabine mitten ins Herz. Sie stand vor einem Klub, in dem Jugendliche zusammenkamen, die mit ihren sechzehn, vierzehn oder auch nur zwölf Jahren schon nichts mehr vom Leben erwarteten. In einem kleinen schwarzen Schaukasten, dessen Scheibe sich nur noch in den Ecken im Rahmen hielt, las sie das Wochenprogramm. Punkkonzerte und Filme waren angekündigt: Pornos, Gewaltfilme und okkulte Horrorstreifen. In der Szene war der Teufel los.

Sabine weinte. Immer wenn sie sah, wie Menschen ihr Leben kaputtmachten, konnte sie ihre Tränen nicht zurückhalten. Sie weinte und betete. Unter Tränen war auch ihr Entschluss gereift, im Alter von 68 Jahren wieder nach Deutschland zu kommen. Zunächst flog sie wieder zurück nach Kalifornien, besprach alles mit ihrem Pfarrer und dem Leitungskreis ihrer Gemeinde. Zweifel stiegen in ihr auf: War sie nicht zu alt für ein solches Unternehmen? Doch Freunde und Gemeindemitglieder machten ihr Mut. Sie wusste: „Ich selbst kann ohnehin nichts bewirken; aber Gott kann es tun.“ In diesem Vertrauen würde sie es wagen.

Inzwischen hatte sie die Arbeit auf dem Land weiter vorangetrieben, hatte verschiedene Jobs in San Francisco angenommen, um genügend Geld dafür zu haben. Das Land war zu einem bekannten christlichen Freizeitzentrum herangewachsen. Immer mehr Gemeinden und Jugendgruppen kamen für einige Zeit hierher und unterstützten die Arbeit. Verantwortungsvollen Mitarbeitern und dem Vorstand des inzwischen gegründeten Vereins „The Lord's Land“ konnte Sabine das Land anvertrauen.

Auch aus ihren Kindern war inzwischen „etwas geworden“: Fred hatte sein Studium an der Emory-Universität in Atlanta abgeschlossen und arbeitete als Pastor. Cliff hatte nach der Highschool eine Ausbildung als Versicherungskaufmann gemacht und war nun bei einer Autoversicherung angestellt. Beide hatten geheiratet und waren zweifache Väter geworden.

Sie selbst aber musste weiter. Seit sie im Radio den Fall der Mauer live mitverfolgt hatte, seit sie von der Wiedervereinigung in Deutschland wusste, spürte sie: Sie musste dorthin zurück, wo sie einst den Entschluss gefasst hatte, nach Amerika auszuwandern.

Wenn auch andere in ihrem Alter längst in den Ruhestand gingen – sie würde noch einmal neu aufbrechen und das vielleicht größte Projekt ihres Lebens beginnen.

„Die deutschen Jugendlichen brauchen neue Hoffnung", hatte sie allen bei ihrem Abschied gesagt. Zunächst wollte sie für ein Jahr dableiben. Dass ihr Auftrag in Dresden auch ein Jahrzehnt später noch nicht abgeschlossen sein würde, ahnte sie damals noch nicht.

*

Zwei kleine Koffer hatte sie in ihren Händen und tausendfünfhundert Dollar in der Tasche, als sie im Januar 1993 in Dresden ankam.

„Was für eine trostlose Gegend ist das hier!"

Immer wieder, wenn Sabine über die Louisenstraße spazierte, packte sie das blanke Entsetzen. Verfallene Häuser, zerrissene Gardinen, vertrocknete Blumen hinter zerbrochenen Scheiben. Und immer wieder Graffitis mit trostlosen Sprüchen und okkulten Symbolen.

„Wie sollen die Jugendlichen hier wissen, dass es noch Hoffnung für sie gibt?", fragte sie. Und: „Wo sind eigentlich die Christen hier? Wir haben doch etwas Gutes weiter zu geben ..."

Inzwischen hatte sie ein Wohnung gefunden, in der Frühlingstrasse. Gegenüber wohnte, wie sie bald erfuhr, ein Rocker, führendes Mitglied im Klub der „Höllenhunde". Sabine wusste sofort: „Hier bin ich richtig."

Eine Viertelstunde entfernt davon lag die Martin-Luther-Straße. Im Eckhaus mit der Nummer zwölf, direkt neben der Lutherkirche, begann ihre Vision eine klare Gestalt anzunehmen. Aus einem alten Schnapsladen sollte eine Segensinsel mitten in der Szene der Dresdner Neustadt werden. Ihre Idee: Ein Café und ein Second-Hand-Laden.

Das Haus wurde von der Stadt verwaltet, aber es gab kaum Interessenten, die in dieser Gegend Geschäftsräume mieten wollten. Selbst der ehemalige Schnapsladen hatte längst dicht gemacht. Sabine ging auf die Ämter und bekam schließlich zwei Räume im Erdgeschoss des Hauses. Der Eingang war direkt an der Ecke. Tausend Mark Miete musste sie pro Monat bezahlen; dreitausend hatte sie in der Tasche – erst einmal würde es reichen, für alles Weitere musste Gott sorgen.

Ein ehrgeiziges Unternehmen, für das sie Hilfe brauchte. So besuchte sie verschiedene Gemeinden in Dresden. Pfarrer Wachsmuth und seine Frau Edith von der Lutherkirche hatten ihr schon bei der Wohnungssuche geholfen. Jetzt suchte Sabine tatkräftige gläubige Jugendliche, die mit ihr das Projekt anpacken konnten. Sie fand sie in evangelischen Kirchen und Freikirchen. Auch zwei junge Katholiken halfen mit. Bald wurde sie in Jugendkreise und Bibelstunden eingeladen und erzählte von ihrem Vorhaben. Erste Spenden gingen ein.

Fast täglich waren von nun an in der Lutherstraße Jugendliche zu sehen, die strichen und zimmerten, hämmerten und bastelten. Von Woche zu Woche wurden es mehr. Ein Schreiner zog eine Zwischendecke ein. Ein Ingenieur half bei der Elektrizität. Einige Gemeinden beteiligten sich an den Unkosten und spendeten das Mobiliar: ein alter Kühlschrank, ausrangierte Stühle aus einem renovierten Gemeindehaus, zerkratzte, aber noch standfeste Holztische. Jedes Einzelstück wurde liebevoll geputzt und in den bunten Reigen alter Utensilien aufgenommen, zusammenkomponiert zu einer Sinfonie der Gemütlichkeit.

„Es soll schön werden, unser Stübchen", sagte Sabine, und es wurde schön. – Im April 1993 war es dann so weit: Das Café „stoffwechsel" öffnete zum ersten Mal seine Pforten.

Sabine Ball in Dresden (1996)

„Wir wollen sie alle in Liebe empfangen."

Sabine rief den Mitarbeitern immer wieder Gottes Wort in Erinnerung:

„Allen so begegnen, wie Jesus den Menschen begegnet ist."

Die ganze Straße roch nach frischem Kuchen. Im Angebot waren außerdem der günstigste Kaffee der Stadt, Kekse und belegte Brötchen. Im Nebenzimmer konnten Second-Hand-Klamotten günstig gekauft werden. Die Gäste ließen nicht lange auf sich warten: Natürlich kamen Leute aus den Kirchengemeinden. Unter sie mischten sich aber bald Punks, einige Obdachlose und Junkies, wenige Skins, vor allem aber viele Kinder.

Samstags gab es einen großen Tisch mit einem Buffet voller Leckereien. Das regelmäßig allein auf die Beine zu stellen, wäre dem „stoffwechsel" allerdings bald zu teuer geworden. So kam die Unterstützung durch die „Dresdner Tafel“ gerade recht, einen gemeinnützigen Verein, der kurz vor dem Verfallsdatum stehende Lebensmittel sammelte und zur Verfügung stellte. Außerdem spendete der Bäcker gegenüber die Brötchen.

Aus der Hippie-Mutter in San Francisco wurde in Dresden eine Mutter der Straßenkinder. Sicher, es wurde nicht auf einmal alles anders in der Dresdner Neustadt. Unter den Jugendlichen brach keine Erweckung aus, aber von nun an war jemand für sie da, jemand, der ihnen zuhörte. Und sie wussten, wo das offene Ohr zu finden war.

Aber Jugendliche einzuladen und auf sie zu warten – das allein genügte nicht. Um sie zu verstehen, ihrem Lebensgefühl nachzuspüren, ging Sabine dorthin, wo sie sich aufhielten. So gönnte sie sich den für eine Siebzigjährige sicher zweifelhaften Genuss einiger Punkkonzerte. In einer ehemaligen Lederfabrik, die auf den Abriss wartete, röhrten die E-Gitarren, begleitet vom Donnern des Schlagzeugs und dem Geschrei der Sänger. Heavy-Metal, Hardrock, Trash, Punk – verschiedene Bands traten auf, und alle machten einen Höllenlärm. Trotz ihrer Ohrstöpsel, die sie vorsorglich mitgenommen hatte, gellten ihre Ohren. Sabine ging durch die Halle und suchte die Gesichter der Jugendlichen und Kinder. Im Schummerlicht waren sie nur schwer auszumachen. Viele saßen am Rand der Halle, an ein rostiges Rohr gelehnt, und vergruben den Kopf in ihren Händen. Die meisten waren dunkel gekleidet, einige tätowiert. Dieser Anblick trieb ihr – wieder einmal – die Tränen in die Augen. Es war keine Gefühlsduselei, die sie immer wieder weinen ließ; wenn sie sah, wie zerstört und aussichtslos ein junges Leben sein konnte, blutete ihr das Herz. Auf manche Mädchen ging sie zu, umarmte sie wortlos und ging weiter. Einzelne sprach sie direkt an:

„Wirf dein Leben nicht weg“, sagte sie einem Punk auf den Kopf zu, der ein umgedrehtes Kreuz um den Hals hängen hatte. „Du bist wertvoll. Es gibt einen guten Weg für dich.“

Sie fragte nicht mehr: „Wie geht’s?“ Darauf bekam sie keine

Eine Anlaufstelle für Jugendliche und Kinder: „stoffwechsel"-Mitarbeiter mit Zeit, Herz, Hand und offenem Ohr (2002)

Antwort oder nur ein schäbiges: „Das geht dich nichts an, Oma.“ Gute Worte wollte sie verteilen, Hoffnung verbreiten, Liebe weitergeben. Alle, denen sie begegnete, lud sie ein ins Café.

Jeden Morgen, bevor das Café öffnete, nahmen sie sich Zeit zum Gebet. In Gedanken gingen sie jeden Einzelnen durch, der am Tag davor gekommen war. Und jede Begegnung, die sie planten, bereiteten sie im Team betend vor. Und wie viele Begegnungen hatte Sabine!

Da war etwa Marion, die mit zwölf Jahren von ihrem Onkel vergewaltigt worden war. Jetzt, gerade mal vierzehn Jahre alt, wohnte sie bei ihrem Freund, der doppelt so alt war wie sie. Immer wieder kam sie und schüttete ihr Herz bei Sabine aus. Aber sie kam nicht raus aus dem Milieu.

Eine andere war Mo, eine hübsche junge Frau, mit zwei kleinen Kindern und vielen Liebhabern. Wo die Väter ihrer Kinder waren, wusste sie nicht. Eines Tages war ihr die Mafia auf den Fersen. Einer ihrer vielen Freunde hatte Drogen in ihrem Kühlschrank versteckt und war verschwunden. Verzweifelt floh sie ins „stoffwechsel“; zurück in ihre Wohnung konnte sie nicht, denn dort warteten Männer auf sie, die nichts Gutes mit ihr vorhatten. Über ihr Handy war sie in letzter Minute gewarnt worden. Sabine brachte sie aus der Stadt in ein christliches Freizeitzentrum. – Jahre später war sie mit Sabine in eine Fernsehsendung eingeladen und sagte: „Niemand hat mir mehr geglaubt. Niemand. Sabine war der erste Mensch, seit ich denken kann, der glaubte, was ich sagte ... und sie glaubte nicht nur meinen Worten – sie glaubte an mich.“

Sabines Hoffnung auf Gott hatte sie angesteckt. Sie begann zu beten. Stück für Stück lernte sie, Gott zu vertrauen. Später heiratete sie.

„Ordnung ist in ihr Leben gekommen“, sagte Sabine im Rückblick und strahlte: „Da ist so viel heil geworden.“

DRESDEN IM FRÜHJAHR 2002

Für Erfahrungen wie die mit Mo lebt Sabine Ball. Sie geben ihr Kraft, die Schwierigkeiten zu ertragen, den Hass, die Bedrohungen, die Schlägereien. Einen Jungen etwa hatten sie beinahe totgeprügelt: Eine Meute Halbstarker war ins Café gekommen und hatte in blindem Irrsinn auf ihn eingeschlagen. Als er schon auf dem Boden lag, schlugen und stauchten sie noch auf ihn ein. Sabine dachte, er würde im „stoffwechsel" sterben. Er hatte einige Zähne verloren, blutete stark und konnte nicht mehr aus den völlig verschwollenen Augen sehen. Der Notarzt brachte ihn schließlich ins Krankenhaus. Sabine besuchte ihn oft. Langsam kam er wieder auf die Beine.

Wegen solcher Zwischenfälle sind die Nachbarn nicht immer gut auf das „stoffwechsel" zu sprechen. Aber Sabine hält durch. Sie spricht mit ihnen genauso wie sie mit den Schlägern spricht.

Ihre „Kinder" machen es ihr nicht immer leicht, sie zu lieben. Mal umarmen und küssen sie sie dankbar, um in der folgenden Nacht Eier gegen das Café zu werfen oder den Autobus, der inzwischen zum „stoffwechsel" gehört, zu zerkratzen. Wenn manche ihrer Stammgäste auf einmal nicht mehr kommen, sucht sie im Gefängnis und wird meistens fündig. Entweder haben sie Autos geknackt, einen Laden überfallen oder mit Drogen gehandelt. Oft ist sie der einzige Besuch, der regelmäßig kommt und Briefe schreibt. – Immer wieder geht sie seither ins Gefängnis, erzählt aus ihrem Leben, von ihrer alten Sehnsucht, immer mehr zu erreichen, Millionen zu besitzen und von der Leere, die trotz allem in ihrem Herzen geblieben war. Von der Schuld, in die sie sich immer tiefer verstrickt hatte. Schließlich aber auch von Jesus, dem Mann am Kreuz, der für ihre Schuld gestorben sei. Der aber auch auferstanden sei und für jeden ein neues Leben bereit habe.

„Hoffnungslose Fälle gibt es für Gott nicht", bekräftigt sie immer wieder. Die Knackis hören Worte, die ihnen sonst niemand sagt: „Was ihr auch getan habt – in Gottes Augen seid ihr unendlich wertvoll."

Inzwischen ist die „stoffwechsel"-Arbeit umgezogen und gewachsen. Spenden gehen ein. Zwei Häuser in der Martin-Luther-Straße sind dazugekommen: Vorder- und Hinterhaus in der Luther-Straße 29. Anwohner waren vor gut sechs Jahren auf Sabine zugekommen und sagten, sie hätten Sorge, dass die leer stehenden Häuser abgerissen würden und ein neuer, großer Wohnblock gebaut würde. Sabine sah sich die Häuser an und war begeistert. Zwar waren sie völlig verwahrlost und in einem desolaten Zustand, aber daraus würde sich schon etwas machen lassen. Oft schon hatten alte Häuser einen zweiten Frühling gesehen, wenn sie mit Liebe renoviert worden waren:

„Wir haben den Laden schon so schön hergerichtet", sagte Sabine, „dann schaffen wir das mit den Häusern auch." Freilich war dieses Vorhaben noch ein paar Nummern größer. Aber hier würden sie Platz haben für viel mehr Kinder, mehr Jugendliche und für mehr Mitarbeiter ...

Die Mitarbeiter des „stoffwechsel" beteten. Wie sonst sollten sie zu einer Entscheidung finden? Schließlich kramte Sabine ihr Briefpapier hervor; da die Häuser der Stadt gehörten, schrieb sie einen Brief an Dr. Herbert Wagner, Dresdens Oberbürgermeister. Dass sie eine gläubige Christin sei, schrieb sie. Dass sie in Kalifornien schon mit jungen Menschen gearbeitet und gelebt habe, und dass sie gegen die Drogen in der Stadt kämpfe. Nun wüsste sie von zwei Häusern in der Martin-Luther-Straße, die sehr sanierungsbedürftig seien ... Schließlich bat sie, diese Häuser für die Arbeit des „stoffwechsel" überlassen zu bekommen. – Prompt lud sie der OB ein, empfing sie freundlich, und nach einer Dreiviertelstunde hatten sie die Häuser: Ein Erbpachtvertrag regelte die Einzelheiten.

Oben: Der neue Eingang zum Treffpunkt „stoffwechsel“: Dresden, Martin-Luther-Straße 29

Unten: Der neue Innenhof: Raum zum miteinander Sitzen, miteinander Spielen, miteinander Reden

„Das ist Gott“, sagt Sabine. „Es ist Gott, der so für uns sorgt.“

Mehrere Mitarbeiter, Praktikanten und ein Zivildienstleistender gehören inzwischen zum „stoffwechsel“-Team rund um Sabine. Knafffi (laut Personalausweis Ralf Knauthe, der stellvertretende Leiter und Organisator der Arbeit), Thurid „die Meisterköchin“, Norbert und André zählen dazu. Obwohl ihre Arbeit immer professioneller wird, wollen sie „ganz im Glauben“ leben. Denn von einem sind sie überzeugt: Allein von Gottes Segen hängt ihr „Erfolg“ ab. Deshalb wollen sie auch ganz auf ihn angewiesen bleiben, auf den Segen Gottes. Das macht sie bereit, immer wieder ein neues Wagnis einzugehen: „Wir wagen es im Glauben.“

Fernsehsender und Radiostationen, Zeitungen und Magazine haben unzählige Male über das berichtet, was sich in Dresdens Neustadt tut. Sie berichten, wie die Sozialarbeiter des stoffwechsel e. V. mit Teenagern singen und tanzen, wie sie gemeinsame Unternehmungen planen, mal in den Häusern arbeiten, mal aufs Land hinausfahren, wie sie von Gott reden und von seiner Liebe, wie sie Hoffnung bekommen und neues Vertrauen gewinnen, und wie manche neue Schritte ins Leben wagen.

Auch Frauen und Männer aus der großen Politik schätzen die Arbeit, die so klein begann: Mit Ingrid Biedenkopf, der Ehefrau des ehemaligen Ministerpräsidenten, verbindet Sabine eine Beziehung, die von gegenseitigem Respekt geprägt ist. Auch Sozialministerin Christine Weber stattete dem „stoffwechsel“ schon mehrere Besuche ab und hielt die Laudatio, als Sabine und die Verantwortlichen des Vereins mit einem „Förderpreis für außergewöhnliches soziales Engagement“ ausgezeichnet wurden.

Einmal war Sabine in eine Fernsehsendung eingeladen worden und sollte auf Kosten des Senders erster Klasse anreisen. Ein Ding der Unmöglichkeit: Die Mutter der Straßenkinder erster Klasse – das ging nicht. Kurzerhand schickte sie das Ticket zurück und fuhr zweiter Klasse. Selbst die Verleihung des Bundesverdienstkreuzes lehnte sie dankend ab.

Miteinander für Kinder und Jugendliche engagiert, miteinander verantwortlich: Ralf „Knafffi" Knauthe und Sabine Ball

Inzwischen hat sie schon ein paar Mal vor einer Kamera gesessen und von ihrer Arbeit und von „ihren Kindern" erzählt – aber jedes Mal ist es ganz neu aufregend. Sie plauderte schon mit Alfred Biolek, und mit Jürgen Fliege unterhielt sie sich. WDR und MDR filmten im „stoffwechsel" und machten Reportagen und Dokumentationen über das kleine Wunder mitten in Dresden. Schmunzeln muss Sabine Ball über die Begegnung mit Berti Vogts: Die Aktion „Ein Herz für Kinder" hatte Sabine zu einem Gala-Abend nach Berlin eingeladen. Die Arbeit des „stoffwechsel" sei von einer Jury ausgewählt worden und solle als eines von vier Projekten aus ganz Deutschland die Spenden des Abends bekommen, verkündete ihr eine freundliche Stimme am Telefon – sicher in der Erwartung, am andern Ende der Leitung einen Freudentaumel auszulösen. Doch Sabine antwortete, sie habe an jenem Abend schon einen Termin – vielleicht würde sie ein anderes Mal kommen. Schließlich gelang es den Veranstaltern aber doch noch, Sabine von der Dringlichkeit des Termins zu überzeugen; eine ganze Reihe von Überraschungen würden auf sie warten; so fuhr sie letztlich doch nach Berlin. Während der Sendung fuhr der Bundestrainer der deutschen Fußballnationalmannschaft mit einen nagelneuen VW-Passat auf die Bühne: eine Spende für die Arbeit in Dresden. (Später wurde die Spende in einen Bus umgewandelt.) Doch damit nicht genug: Die Firma „Raab Karcher" spendete Baumaterial für die Dächer der beiden Häuser. Symbolisch überreichte ihr ein Firmenvertreter eine Dachplatte.

Immer wieder fragen Reporter nach jener außergewöhnlichen kleinen Frau mit den weißen Haaren, die nur ein paar Trägerkleider besitzt, zu denen sie eine helle Bluse und eine seidene Ansteckrose trägt. Sie stellen Fragen über Fragen:

„Wie kommen Sie dazu, hier zu leben?" – „Stimmt es, dass Sie Multimillionärin waren?" – „Woher nehmen Sie die Kraft, all das zu tun?"

Die meisten von ihnen runzeln die Stirn, wenn Sabine dann antwortet:

„Es ist Gott, der es tut. Ohne ihn könnte ich gar nichts tun; ohne ihn wäre ich gar nichts. – Aber ich bin sicher: Er hat noch viel vor hier in Dresden."

„... es war alles eitel (= vergänglich)
und Haschen nach Wind!“
Prediger 1,14

NACHWORT VON SABINE BALL

Mein „Mückelchen“, liebe Monique!

Hast du schon einmal ausgerechnet, wie lange unsere Freundschaft bereits besteht? Einundsechzig Jahre sind es bis heute, einundsechzig lange Jahre.

Du bist diejenige, der ich immer alles erzählen konnte. Du hast mich verstanden, so wie ich dich. Du wirst es nachvollziehen können: Gerade fühle ich mich recht unsicher – wie kann sich mein Leben in diesem Buch auf ein paar Seiten widerspiegeln? Deswegen, sei so gut und höre mir wieder einmal zu. Du weißt, weswegen ich es erlaube, dass meine Geschichte, meine Vergangenheit nun veröffentlicht wird. Vielleicht kann ich damit anderen Menschen helfen, die sich da oder dort mit meinem Leben identifizieren können, Menschen, die wie ich merken, dass Schönheit und Charme auch zur Falle werden können. Wie schnell das passiert, wenn diese Eigenschaften dazu benutzt werden, selbst gesteckte Ziele zu erreichen – heute erschrecke ich darüber.

Manchmal bin ich traurig, manchmal staune ich darüber, wie blind und oberflächlich ich in meinem Leben oft war. Aber wenn ich zurückdenke – es war in mir immer ein Suchen, ein Suchen nach der Wahrheit. Und dadurch habe ich, fast gegen meinen Willen, Gott, Jesus gefunden. Das hätte ich mir nicht träumen lassen.

Du weißt, ich war gegen „das Christentum“... ohne eigentlich zu wissen, wer der ist, um den es dabei geht bzw. gehen sollte. Wie gut, dass Tommy und die Bibel ihn mir vor Augen gestellt haben. Erst durch die tiefe innere Überzeugung, die allein das Wort Gottes in mir bewirkt hat, bin ich wirklich zu einem neuen Menschen geworden. Wie hat es mich berührt!

Als ich Gott so klar erkannte, blieb mir gar nichts anderes übrig, als an ihn zu glauben und ihm zu vertrauen; es war wie ein Erwachen im Herzen, eine tiefe Ehrfurcht vor diesem allmächtigen Gott und Vater, der mich kennt und liebt.

Er ist es, durch den ich eine neue Wegweisung erlebt habe, die ich einhalten will, nicht aus Zwang, sondern aus Liebe zu ihm. Wohl deswegen erfahre ich auch heute unerklärbare Wunder. Ich bin nicht mehr die Person, die im Rampenlicht stehen will, ich kann und will aber auf Gott verweisen und hinweisen, wenn man mich fragt.

Alles, was geschehen ist seitdem, jeder Erfolg ist ihm zu verdanken. Das macht mein Herz leicht.

Ich weiß, dass Gott meine Gedanken sieht, sogar alles Unbewusste. In seinem Licht will ich mich mehr und mehr selbst erkennen, will transparent sein. Für mich, aber auch für jeden anderen Menschen, hat Gott, hat Jesus einen wunderbaren Weg. Einen Weg, den er dem zeigt, der es ihm erlaubt. Dies möchte ich weitergeben, vor allem an die Jugend. Denn wie sollen sie es wissen, dass es einen Gott gibt, der sie liebt und sie annimmt, so wie sie sind, dass er jeden Menschen als wertvoll ansieht?

Deswegen setzen wir uns hier im „stoffwechsel“ besonders für die Kinder und Jugendlichen ein. Sie sollen wenigstens die Wahl haben.

Viele von ihnen sind auf der Suche, wie ich auf der Suche war – bewusst oder unbewusst. Das haben wir gemeinsam.

Deshalb gebe ich meine Vergangenheit preis, mit all meiner Schuld und meinem Versagen. Sie muss mich nicht mehr belasten, denn dafür ist Jesus am Kreuz gestorben, aus Freundschaft, aus Liebe, für mich und für alle, die bereit sind, ihm zu vertrauen.

Die Wahrheit zu erkennen tut weh, aber sie setzt mich frei. So gebe ich auch dieses Buch in Gottes Hände und vertraue ihm.

Für immer
deine Freundin
Sabine

Gerne geben Sabine Ball und das Mitarbeiter-Team Auskunft über

das Engagement von Sabine Ball,
den Verein stoffwechsel e.V. sowie
die Sabine-Ball-Stiftung.

Ansprechpartner sind Ralf Knauthe, der stellvertretende Leiter des Vereins, und Sabine Ball. Sie danken für jedes Interesse und jede Unterstützung.

stoffwechsel e.V.
www.stoffwechsel.com
info@stoffwechsel.com

Sabine-Ball-Stiftung
www.sabine-ball-stiftung.de
info@sabine-ball-stiftung.de

Ralf Knauthe / Sabine Ball
Martin-Luther-Str. 29
D-01099 Dresden
Deutschland

Yola Entz

Yola

Ein Leben in Berlin, Hollywood
und anderswo

238 Seiten. FesterEinband
Bestell-Nr. 3-7655-1667-8

„Da hat ein Höherer die Hand im Spiel!" So ein Kommentar zur Lebensgeschichte von Yola Entz.
In ihrer autobiografischen Erzählung berichtet die Autorin mit Esprit aus einem spannenden Leben mit Höhen und Tiefen: als Kind und verliebtes junges Mädchen in Berlin, in Angst vor Verfolgung durch die Gestapo auf dem Land, auf dem Schiff zum Vater in Amerika, und dann im neuen Leben in den Welten zwischen Glanz und Glamour und der Sorge um ein Dach über dem Kopf ...
In alldem, was Yola Entz da widerfährt, wird deutlich, dass die im Laufe ihres Lebens wachsende Gelassenheit wohl viel zu tun hat mit „dem Höheren, der da seine Hand im Spiel hat".

Marie Chapian

Ruhe finden für mich

80 Seiten. Fester Einband
Bestell-Nr. 3-7655-1689-9

Ruhige Momente mit Gott und sich selbst – lesen Sie ...
und tanken Sie auf!
Hier finden Sie dreißig Grüße wie direkt vom Himmel, die Sie sicherlich immer wieder gern zur Hand nehmen
- bei der ersten oder zweiten Tasse Morgen-Kaffee,
- vor dem Schlafengehen
- oder am Platz Ihrer Lieblings-Pause.

Für jeden Tag: Mutmachendes und Vertiefendes, entspannend und anregend zugleich – wie eine kleine Oase!